*Le livre et l'éditeur*

Éric Vigne

# Le livre et l'éditeur

50 QUESTIONS

PARIS
KLINCKSIECK

# 5 0   Q U E S T I O N S

Collection dirigée par Belinda Cannone

*dans la même collection*

Christian Doumet, *Faut-il comprendre la poésie ?* (19)
Gérard Gengembre, *Le Roman historique* (27)
Daniel-Henri Pageaux, *Naissances du roman* (4)
Frédéric Pomier, *Comment lire la bande dessinée ?* (25)
Julie Wolkenstein, *Les Récits de rêve dans la fiction* (31)

*liste complète en fin de volume*

en couverture :
© Isabelle Gouteyron, *Dimanche.*

www.klincksieck.com

© Klincksieck, 2008
isbn : 978-2-252-03663-1

# 50 QUESTIONS

1. « Le livre et l'éditeur » : serait-ce un conte ? .............. 13
2. Et je conclus de là à l'existence d'une crise de l'édition ? 13
3. Mais ces dénonciations d'une crise, c'est à n'y rien comprendre : y a-t-il pour finir, aujourd'hui, une crise spécifique qui serait différente des précédentes, ou bien est-ce le retour conjoncturel de facteurs structurels ? .... 19
4. Commençons donc par la crise de la presse écrite : en quoi affecte-t-elle l'univers du livre ? ...................... 22
5. Tel est donc l'impact, sur le livre, de la crise *a priori* périphérique de la presse écrite. Qu'en est-il de la distribution ? ............................................................. 25
6. S'il se laisse gagner par ce sentiment d'être démuni, comment l'éditeur peut-il réagir à la crise ? .................. 29
7. Un signe de la nouveauté de la crise, telle que vous la décrivez, ne serait-il pas la « querelle des faux livres » ? 31
8. Ne surestimez-vous pas la place que l'univers de la télévision et de la communication prend dans le travail de l'éditeur ? ................................................................. 35
9. Serait-ce là un effet supposé de ce qu'on appelle parfois la « financiarisation » de l'édition ? ...................... 37
10. N'allons pas plus avant, répondez d'abord : parlerez-vous des éditeurs ou de l'éditeur ? ............................... 40
11. Mais si celui qui édite un traité philosophique d'Alfarabi et celui qui publie les mémoires d'une actrice d'une série télévisée peuvent, chacun dans son domaine, faire la preuve de leur compétence professionnelle, c'est donc que l'expression « l'édition sans éditeurs » ne signifie pas grand-chose ? ........................................... 45
12. Peu importent finalement les expressions toutes faites, l'essentiel n'est-il pas que l'éditeur prenne conscience de la grande transformation qui advient ? ...................... 48
13. Qu'appelez-vous « marchandisation » ? ...................... 49
14. Avant l'ère actuelle de la « marchandisation », que fut ce que vous appelez le grand cycle de la « commercialisation » ? 51

15. Quel est, pour l'éditeur, le legs de l'ère de la commercialisation telle que vous venez de la définir ? .................... 54

16. En quoi la marchandisation se distingue-t-elle de la commercialisation sur un plan général ? ...................... 58

17. Halte-là, le sujet est grave et mérite que l'on procède par ordre. D'abord, quelle fut la marque de la commercialisation sur la littérature ? ........................ 59

18. Éclairons mieux encore notre présent et comparons : quel rapport la commercialisation établit-elle entre le roman-feuilleton et le grand roman ? ................... 64

19. Peut-on déjà, par comparaison, mesurer les effets de la marchandisation sur la littérature contemporaine et la politique éditoriale de l'éditeur ? ................... 68

20. Qu'attend donc l'éditeur de cette littérature qu'il aide à devenir marchandise ? ..................... 72

21. Comment la marchandisation peut-elle aussi facilement dicter jusqu'au contenu de la littérature ? ................... 76

22. Au temps pour la littérature à l'ère de la marchandisation. À quoi bon vouliez-vous évoquer la « querelle du livre de poche » à l'ère de la commercialisation ? .......... 80

23. La marchandisation se traduit par l'accélération de la vitesse de circulation des biens, donc aussi du livre. Pourquoi s'en effrayer ? ......................... 85

24. Mais vivez donc avec votre temps, celui de l'Homme pressé ! Pourquoi les romanciers d'aujourd'hui n'auraient-ils pas eux aussi accéléré leur inspiration ? .......... 88

25. Mais la littérature exigeante pourra toujours se distinguer de l'autre, non ? ...................... 92

26. Donc, si je comprends bien votre analyse en termes de tendances, la distribution pourrait devenir facteur de restriction de l'offre ? ..................... 95

27. Pourquoi avez-vous mentionné à plusieurs reprises le genre de l'essai comme étant celui qui a été le plus bouleversé par la marchandisation en cours ? .............. 96

28. Qu'allez-vous encore inventer ? Qu'est-ce qu'un « intellectuel organique des médias » ? ..................... 98

29. Quelles sont les particularités de l'essai à l'ère de la commercialisation qui auraient disparu à l'heure de la marchandisation ? ....................... 100

30. Quelles sont les caractéristiques de l'essai à l'heure de la marchandisation ? .................................................... 104

31. Une idée me vient, après avoir écouté votre démonstration sur les transformations actuelles de l'essai : les essais de dimensions courtes qui se multiplient chez tous les éditeurs ne sont-ils pas l'avenir assuré des sciences humaines et sociales ? .................................................... 109

32. Mais l'éditeur le premier n'a eu de cesse depuis vingt ans de proclamer que « les sciences humaines perdent de l'argent ». Pourquoi diable ! vous obstiner ? ............. 113

33. Pourquoi dans ces conditions d'uniformisation des critères de gestion les éditeurs continuent-ils, même dans l'acception essayiste du terme, à publier des sciences humaines, voire sociales ? .................................................... 117

34. Mais en ces temps d'accélération généralisée comment vendre des sciences humaines et sociales, sinon avec le panneau « Ralentir, Travaux », ce qui revient d'entrée à les condamner ? .................................................... 120

35. J'imagine à vous entendre que, pour les tenants des critères de la gestion marchandisée, les traductions coûtent trop cher ? .................................................... 127

36. Comment l'éditeur peut-il inscrire un ouvrage étranger de savoir dans le contexte intellectuel français alors que les sciences humaines, voire sociales, tendent de plus en plus vers l'essayisme ? .................................................... 129

37. Je vous devine : la meilleure forme de résistance à la marchandisation serait le fameux « catalogue » ? ........ 131

38. Si l'éditeur a pour arme le « catalogue », la clé de sa pérennité est-elle l'homogénéité ou la cohérence ? ........ 133

39. Et si l'éditeur renonce, et se contente du succès intellectuel et commercial d'un de ses ouvrages, qu'a-t-il perdu ? Rien finalement... .................................................... 135

40. Les ans à venir, dites-vous. Parlons-en : l'éditeur peut-il espérer maintenir son rôle après le triomphe de la marchandisation ? .................................................... 141

41. La force de la marchandisation n'est-elle pas d'une grandeur telle que même les Quichottes y ont un rôle déjà prévu et écrit ? .................................................... 144

42. Après tout, vous nous montrez que l'éditeur n'est pas le seul agent dans la production et la circulation du livre. Or il ne cesse de pérorer sur la fin du livre, la mort du commerce, quand ce n'est pas sur la nécessité commerciale faite à la pensée française de se refermer sur elle-même plutôt que de continuer à publier de trop coûteuses traductions. De quel droit, moral ou autre, occuperait-il seul l'estrade pour parler au nom des autres ?  146

43. Si, à vous entendre, l'éditeur est un roi déchu qui, pour fuir ses responsabilités dans l'accélération du processus général de marchandisation, se proclamera roi nu, le parterre a peut-être envie que se baisse le rideau ? ........  149

44. Je rêve ? Voilà maintenant la critique des armes de la marchandisation retournée en arme de la critique au profit du livre. Vous ne nous aurez épargné aucune banalité de la dialectique ! .........................................  151

45. Ainsi soit-il ! Je vous ai suivi jusqu'ici, Éditeur, mais rien ne me prouve que cette *Défense et illustration* de votre métier n'est pas une fleurette que me conte votre esprit de finesse. Allons, l'heure est à l'esprit de géométrie, au numérique, à la Toile, au réseau ! Que pèsent désormais vos feuilles de papiers à l'avenir putrescent ? ........  153

46. Allons donc, un nouveau *Paradoxe sur l'éditeur* ? .........  156

47. Le numérique bouleverse-t-il vraiment à ce point le lien entre le livre et la lecture au sens traditionnel de ces deux termes ? .........................................................  160

48. Le numérique abolirait d'un trait cette anthropologie séculaire de la lecture ? Quelle révolution, décidément !  162

49. Vous semblez encore y croire ! ? ................................  165

50. *... Elle ne me vient plus à l'esprit. Ah, si !* Ne vaudrait-il pas mieux que chacune de vos analyses soit démentie par l'avenir ?... ..........................................................  166

Mes dettes ....................................................................  167

Mes emprunts ..............................................................  169

Index ............................................................................  175

*À celles et à ceux
qui veulent encore y croire*

# 1 « Le livre et l'éditeur » : serait-ce un conte ?

Lorsque l'on fait un conte, à quelqu'un qui l'écoute, et pour peu que le conte dure, il est rare que le conteur ne soit pas interrompu quelquefois par son auditoire. Voilà pourquoi il a été introduit dans ces réflexions qu'on voudra bien lire un personnage qui fasse à peu près le rôle du lecteur. Quoi que le titre puisse laisser croire, ceci n'est pas un conte ; moins encore un récit irénique des rapports merveilleux et anecdotiques entre des auteurs et leur éditeur comme il s'en écrit trop, et encore moins une note en bas de page des « Très Riches Heures de l'édition » comme il s'en écrit tant. Ce n'est pas un conte, ou bien un mauvais conte dont les personnages s'appellent Contraintes, Courte Vue et Servitude volontaire, mais aussi Devenir, Catalogue et Long Terme. Et tous sont joués tour à tour ou en même temps par un seul acteur, l'Éditeur.

# 2 Et je conclus de là à l'existence d'une crise de l'édition ?

Connaissez-vous ce qu'en termes journalistiques, on appelle des « marronniers » ? Ce sont tous ces articles, dossiers et couvertures de journaux et de magazines qui chaque année tombent avec la régularité saisonnière des feuilles. Sous cet angle, l'éditeur pratique l'arboriculture de manière intensive. Très sensible à ses maux, il n'a de cesse de proclamer que sa profession est en crise. Il incrimine trois facteurs essentiels, et dont nul ne saurait contester la réalité. Le premier facteur, le plus général, est le recul de la place du livre dans une culture devenue plus audiovisuelle qu'écrite. Il s'en suit une baisse moyenne des ventes au titre ; l'éditeur croit pouvoir la compenser par la multiplication de l'offre – c'est le deuxième facteur de la crise. L'étrangeté apparente de cette réaction vient d'une spécificité du commerce du livre. Lorsqu'un exemplaire d'un ouvrage quitte les stocks d'une maison d'édition pour être expédié chez un libraire, cette opération conduit à l'établissement d'une facture ; cependant l'exemplaire n'est que fictivement vendu au libraire : celui-ci dispose en théorie de neuf mois, dans le cas de nouveautés, pour le retourner à l'expéditeur à compter du quatrième mois après sa réception. L'exemplaire ne sera de fait vendu que dans un deuxième temps, quand un client passera en caisse pour l'acquérir. D'où cette évidence, toujours oubliée cependant par les articles de presse qui embouchent les trompettes de la renommée dès qu'un titre ou un auteur semblent rencontrer les faveurs du public : la réalité des chiffres ne tend vers la vérité avérée d'un succès qu'au bout d'une année au moins. Dans l'intervalle, l'éditeur se fait une idée de la carrière d'un livre au vu du nombre d'exemplaires nouveaux commandés quotidiennement par la librairie et qui ont de fortes chances de correspondre statistiquement au remplacement de livres vendus. Mais pour assurer les flux de sortie de ses stocks, pour garantir la disponibilité immédiate de l'ouvrage qui attire l'attention du chaland par sa mise en piles impressionnantes, l'éditeur devra procéder à plusieurs réimpressions dont rien ne garantit qu'elles n'échoueront pas provisoirement chez le libraire, sans jamais atteindre les rivages du lecteur. On observe, en effet, depuis quelques années un cours nouveau des meilleures ventes : un décrochage brutal plutôt qu'une baisse lente, un reflux plutôt qu'une décrue. Le conte de fée du succès d'un titre peut alors se conclure sur deux chiffres dont le second ne sera jamais communiqué à la presse : 250 000 ventes nettes, mais, par exemple, 70 000 exemplaires réintégrés dans les stocks et dont nombre seront alors recyclés en papier à lettres écologique. La raison en est qu'au moment de l'envolée des ventes, l'éditeur aura cédé les droits de publication à une collection de poche, laquelle publiera, dans les dix-huit mois suivant l'édition d'origine, cette nouvelle version plus économique, à la période même de retour des invendus. Or l'éditeur ne verra aucun intérêt à payer à son distributeur le stockage de 70 000 exemplaires détrônés en librairie par la version au format poche. Le pilon permettra donc de recycler le papier.

Plutôt qu'un passable conte de fée, la réalité du métier d'éditeur est la médiocre fable de celui qui, chaque jour, est poussé à manger son blé en herbe : débiteur chez le libraire qui à chaque instant, et il ne s'en prive pas, peut lui retourner la marchandise, l'éditeur tendra à redevenir créditeur par l'émission d'une marchandise nouvelle. Voilà pourquoi l'économie du livre se distingue à ce point de ce que l'on apprend sur les bancs des universités d'économie : une baisse de la demande générale y sera le plus souvent compensée par une augmentation de l'offre. À moins que l'éditeur fasse preuve d'imagination et réfléchisse aux circuits qui forment ce qu'il est convenu d'appeler « la chaîne du livre » et qui est de celles que, par de tels comportements, on abat.

Car, on l'ignore trop souvent, la part qui revient à l'éditeur sur le prix public hors taxes (la TVA est de 5,5 %) n'est pas des plus léonines : en moyenne, donc en fourchettes, tous types d'ouvrages confondus, l'auteur touchera entre 10 et 12 %, la diffusion (équipe des représentants qui visitent les librairies pour informer des parutions trois mois à l'avance et prendre des commandes) entre 5 à 8 %, la distribution (service de stockage des ouvrages, de conditionnement et d'expédition des commandes, de gestion des ouvrages en retour, détruits ou réintégrés dans les rayonnages) entre 10 à 12 %, la remise aux libraires et détaillants varie de 35 à 40 %, l'imprimeur entre 12 à 20 %. Sur un ouvrage vendu 20 € au public, la part éditeur sera donc de 3 €, sur laquelle il devra déduire ses frais de structure, de promotion et de publicité, enfin les salaires. On comprend mieux que la logique du quantitatif l'emporte souvent sur le qualitatif.

À l'explication presque mécanique de cette multiplication des titres que nous venons de donner, s'ajoute aussi, selon la période de l'année, un calcul de l'éditeur qui a toutes les apparences de la rationalité. Il répartit sa mise entre plusieurs candidats au grand tirage automnal des prix littéraires. Il espère ainsi y gagner le gros lot – un prix qui fasse vendre une de ses nouveautés à des centaines de milliers d'exemplaires. Or cette même offre en augmentation, pour l'essentiel des romans, traduit, selon l'éditeur lui-même, une baisse évidente du niveau d'exigence de ses confrères. Qu'il soit bien entendu par notre lecteur qu'à titre individuel, l'éditeur s'exonère toujours lui-même, voire lui seul, du partage des responsabilités.

Aussi, depuis quelques temps, l'éditeur dénonce-t-il un troisième grand facteur de la crise : l'effet déstabilisant de la « rentrée littéraire » de septembre, qui noie libraires, auteurs et lecteurs sous une déferlante de livres. Pour y échapper, l'édition dans son ensemble a jusqu'alors fait la preuve de sa prodigieuse inventivité : compenser les noyades de l'automne par l'organisation irréfléchie d'un deuxième tsunami en janvier. Non pas que les romans soient mieux répartis entre ces deux « rentrées » artificiellement organisées, mais plutôt que leur nombre est en voie, selon toutes les apparences, d'être multiplié. En conséquence, le lecteur potentiel est saisi d'effroi devant tous ces ouvrages dont nul média ne peut, à soi seul, rendre compte de chacun, du fait de leur nombre. Il est ensuite saisi d'un doute sur la nécessité de son acte d'achat lorsqu'il découvre, au dos d'un livre dont nul n'a encore parlé, un prix de vente qui lui paraît en général relativement élevé. Ce prix public résulte d'un cercle vicieux. La baisse du nombre moyen de ventes au titre observable sur plusieurs années est redoublée en l'occurrence par la baisse moyenne des commandes de nouveautés passées par le libraire. Celui-ci réagit, en effet, par la diminution des commandes non seulement à l'avalanche d'ouvrages à caser dans l'espace non extensible de son magasin mais également aux progrès technologiques dans la distribution qui lui assurent aujourd'hui la livraison de ses commandes sous 24 ou 48 heures. En bonne logique gestionnaire, le libraire préfère laisser les exemplaires dont il pourrait avoir besoin dans les stocks des éditeurs plutôt que dans les siens. Ces phénomènes cumulés conduisent à la baisse des tirages initiaux, donc du nombre d'exemplaires sur lesquels répartir l'ensemble des coûts.

Que faire, dans ces conditions, se demande le lecteur, qui ignore de quoi le livre retourne et qui ne dispose pour se décider que d'un texte de présentation de l'éditeur qui lui vante, souvent de manière convenue et répétitive, jusque dans les qualificatifs utilisés, les mérites d'un livre cher ? Que faire, sinon se reporter à un critère « objectif » qu'est la présence de l'ouvrage dans la liste et les piles des « meilleures ventes ». C'est une application pour le moins inattendue du principe de George Orwell : on peut tromper son monde une fois, on ne peut pas tromper tout le monde toujours. Si tant de personnes ont acheté déjà telle « meilleure vente », c'est bien, pense le nouvel acheteur, que l'ouvrage le mérite du fait de ses qualités intrinsèques, dont la première serait justement de plaire aux attentes d'un si grand nombre. Et voilà pourquoi, depuis quelques années, l'éditeur dépité observe, impuissant croit-il, que le succès va au succès et, de ce fait, augmente d'autant la mévente des autres ouvrages. Les chimistes parlent dans des cas semblables de processus autocatalytique.

L'éditeur, lui, trouve – lorsque la crise est venue – les accents pour plaider ses maux. Avec, reconnaissons-le, une belle éloquence.

« La France, qui s'est longtemps méfiée du billet de banque, est en littérature le pays d'élection des valeurs fiduciaires. [...] Lisant peu, le Français sait pourtant que son pays, de fondation, est grand par les ouvrages de l'esprit. Il sait qu'il a toujours eu de grands écrivains, et qu'il en aura toujours, comme il savait jusqu'en 1940 que l'armée française est invincible. [...] La France, qui ne s'est jamais attribué autant de "grands écrivains" vivants, commence à se dispenser résolument [...] d'en prendre des nouvelles, je veux dire qu'elle n'a jamais acheté si peu de livres. Tout se passe comme si le lecteur moyen avait pris son parti maintenant de ce que la réputation des écrivains se fondât autrement que comme bon lui semble, dans une région qu'il localise mal et à laquelle il n'a pas accès, et d'où pourtant lui parviennent des porte-parole mandatés qu'il ne songe guère à récuser et des réputations toutes faites. »

Il est vrai, toutefois, que ces lignes, les premières de *La Littérature à l'estomac* de Julien Gracq, datent de 1949 (Gracq, 1989 : 519-520).

Au temps pour la baisse de la lecture. Quant à la qualité de la production littéraire, donc le renoncement des éditeurs à une certaine exigence, elle fait l'objet d'une description aiguë : « La chose littéraire (à comprendre particulièrement sous ce nom l'ensemble des productions d'imagination et d'art) semble de plus en plus compromise, et par sa faute. Si l'on compte çà et là des exceptions, elles vont comme s'éloignant, s'évanouissant dans un vaste naufrage [...]. La physionomie de l'ensemble domine, le niveau du mauvais genre gagne et monte. [...] Il semble qu'on n'ait pas affaire à un fâcheux accident, au simple coup de grêle d'une saison moins heureuse, mais à un résultat général tenant à des causes profondes et qui doit plutôt s'augmenter. »

L'époque, il est vrai, est à l'écriture : « Aujourd'hui la production littéraire est énorme. Tout le monde se mêle d'écrire. Où que vous alliez, vous ne rencontrez que des gens gros de romans [...]. Les éditeurs sont affolés par la lecture des manuscrits qui, chaque jour, s'entassent et débordent des cases bondées. Les minutes se comptent par l'apparition d'un volume nouveau. Il faut vraiment n'avoir pas été à l'école mutuelle pour ne se point payer cette fantaisie et ce luxe, devenus presque un besoin, de faire un livre. »

Vision de la littérature au scalpel. Julien Gracq, toujours ? Non, respectivement Sainte-Beuve, dans la *Revue des deux mondes* du 1er septembre 1839 – le titre en est, il est vrai, prémonitoire : « De la littérature industrielle » (Sainte-Beuve, 1992 : 197-198) – et Octave Mirbeau, dans *Le Gaulois* du 13 avril 1883 (Mirbeau, 2006 : 66).

Restent la course aux prix littéraires et l'attitude pour le moins paradoxale de la profession : afin de participer à la rentrée d'automne, tous ouvrent largement les vannes, sachant d'expérience que, dans leur propre flot de publications romanesques, les maîtres éditeurs noieront la plupart de leurs chiots, à commencer par ceux qui prennent alors leur premier et, de ce fait souvent, leur dernier bain. D'où cette description emportée :

« Ce sommaire brillant (un peu poussiéreux) du numéro [...] de La [...] NRF, je le donnerais tout entier avec ses chroniques et ses notes pour la seule couverture de la revue, et même pour un seul côté de la couverture : celui où s'étale, ô merveille !, *le Calendrier des prix littéraires*. Rappelons ici l'Avis au lecteur du premier numéro [...] : "Nous nous proposons avant tout de créer et de maintenir... contre les ridicules invites des prix le pur climat qui permette la formation d'œuvres authentiques." Lorsqu'à la prochaine fête Gallimard, les plus jeunes auteurs verront entrer Paulhan appuyé au bras d'Arland – la pureté soutenant l'authenticité ! – ils pourront s'amuser à leur frotter la figure avec *le Calendrier des prix littéraires*. Huit prix en quatre mois ! Qui fait mieux ? C'est le festin du *dentuso*. »

Ainsi s'exprime François Mauriac, le 3 février 1953 (Mauriac, 2004 : 31). Il agace ses dents contre un singulier requin qui reparaissait depuis peu, après l'interdiction qui lui avait été faite à la Libération. Cette relance annonçait, il est vrai, une « guerre des revues » puisque dans le vide ainsi créé avait pu fleurir *La Table ronde* où Mauriac tenait chronique et prophétisait la rudesse du combat qu'allait livrer « cette chère vieille dame tondue, dont les cheveux ont mis huit ans à repousser ».

3 *Mais ces dénonciations d'une crise, c'est à n'y rien comprendre : y a-t-il pour finir, aujourd'hui, une crise spécifique qui serait différente des précédentes, ou bien est-ce le retour conjoncturel de facteurs structurels ?*

L'éditeur semble condamné à réitérer les mêmes diagnostics que les générations précédentes, y ajoutant toutefois l'inébranlable conviction qu'il est le premier à les porter. Ce jeu cruel de la citation pourrait se poursuivre aux dépens des Cassandres de la fin d'un monde. Il y a plus d'un siècle Mallarmé assurait que « tout, au monde, existe pour aboutir à un livre », désormais c'en serait fini de tout livre possible, puisque la liste des morts, commencée par celle de Dieu, s'augmente aujourd'hui de celle de l'écrit. Mais peu ont cherché à cerner dans la crise actuelle les continuités ou les ruptures avec les périodes antérieures de tension sur le marché du livre. En sorte que le symptôme est pris pour le mal ; que les pièces nombreuses du puzzle ne sont pas, loin s'en faut, toutes accordées et que le motif s'en dégage trop rarement.

La crise aujourd'hui est nouvelle par rapport aux précédentes, ou donne le sentiment de l'être, du fait d'une dimension inédite. Elle ne concerne plus strictement le cœur du métier comme jusqu'alors, elle frappe *les périphéries* du métier et, par-là, le touche au cœur.

Les crises ou les tensions portaient, jusqu'il n'y a guère, sur quelques grands éléments structurels de la chaîne de production du livre. Sans souci d'exhaustivité, rappelons à titre d'exemple : les coûts de production ; le poids de la masse salariale et la quête de productivité ; la durée légale de la protection littéraire ; le prix public du livre et les conditions des rabais ou des soldes ; la construction de plates-formes logistiques permettant aux libraires en région de réassortir leurs stocks sans attendre l'expédition des exemplaires depuis la capitale ; la querelle de la surproduction en réponse à la mévente ; sans oublier l'assiette de la répercussion du prix des carburants sur l'expéditeur ou le destinataire des livraisons.

Aujourd'hui, les objets et vecteurs de la crise sont les deux grandes périphéries de la chaîne du livre. De fait, la presse d'un côté, la diffusion et la distribution de l'autre sont en profonde transformation. Or elles ont toutes deux rapport à la *médiation*. Cette médiation est essentielle au livre : la presse, par ses comptes rendus et suppléments littéraires, est censée porter l'existence du livre, son contenu et l'estimation de sa valeur à la connaissance des futurs lecteurs ; la distribution est censée apporter physiquement les exemplaires sur les lieux de vente fréquentés par les acheteurs-lecteurs potentiels. Or la crise aujourd'hui peut se ramener à une proposition de définition : *la possibilité que l'ouvrage atteigne intellectuellement et matériellement son lectorat potentiel est désormais problématique.*

Cette nature particulière de la crise actuelle et son ampleur se révèlent à condition de procéder à ce que les sociologues appellent une analyse « pragmatique », c'est-à-dire une réflexion segment par segment d'activité, au plus près des actions menées par les agents, des circonstances dans lesquelles ils prennent leurs décisions et des principes qui les guident, des raisons pour lesquelles souvent ils ne pourront plus s'y tenir, des contradictions enfin dans lesquelles ils se débattent et agissent.

On ne manque certes pas d'études sociologiques ni d'histoires de l'édition qui disent les évolutions observées du point de vue de Sirius. Force est d'avouer – avec honnêteté – que le plus souvent l'éditeur, tout honoré d'être élevé au rang dignifiant d'objet d'étude, y goûte un plaisir cependant mitigé. Car dans aucune des descriptions savantes il ne retrouve son activité quotidienne où se mêlent rationalité professionnelle et hasards des rencontres, les ruptures avec des compagnonnages d'auteur, des découvertes chanceuses et de mauvais retournements de la conjoncture. Bonheur, hasard et chance ne sont pas quantifiables. Ils sont les pires ennemis des modélisations sociologiques, des calculs économétriques. Pour ne rien dire des récits d'historiens qui ne disposent d'aucune archive concernant ce qui ne laisse pas de trace et pourtant meut chaque jour l'éditeur : ses débats intérieurs, ses valses-hésitations et ses décisions jouées, n'en déplaise à d'aucuns, à pile ou face, puis les rationalisations *a posteriori* dans la correspondance de refus ou d'acceptation. On voit combien interviennent des facteurs de décision emprunts de subjectivité. La chose est familière aux cognitivistes étudiant la volition et aux psycho-sociologues férus de la décision rationnelle, mais elle demeure indicible ou presque au regard de la grande histoire de l'Édition. Mimétisme du comportement suite au succès remporté par un confrère ; refus de risquer la mise après un insuccès, malgré les qualités du texte proposé par le même auteur, ou (la position se renverse) volonté de récupérer un peu de l'avance trop forte sur le précédent insuccès, en espérant mieux asseoir la petite notoriété de l'auteur grâce à la publication d'une deuxième œuvre ; acceptation d'un manuscrit que l'on sait médiocre au seul jugé de la position de pouvoir de l'auteur qui annonce, le plus sérieusement du monde, son plan presse et média dans sa lettre d'accompagnement tant il a déjà mobilisé ses amis « qui ne peuvent rien lui refuser » ; ou bien encore, si l'éditeur joue d'autres rôles sociaux (romancier, essayiste), désir bien compté de ne pas froisser quiconque pourra un jour lui apporter son suffrage à quelque élection ou vote d'un prix ou d'une titulature – l'édition n'est assurément pas une science exacte dans ses espérances de gains, mais moins encore une application de la rationalité dans chacune de ses décisions.

Pour contribuer à l'intelligence, qui ne pourra être que *collective*, de la crise inédite que traverse l'édition, il faut désormais s'intéresser au devenir du métier d'éditeur, mais au ras du terrain, dans l'angle de vue qui est celui du petit bout de la lorgnette par lequel, englué dans sa pratique faite de routines assurées et de coups de tête pudiquement appelés « coups de cœur », l'éditeur perçoit son environnement immédiat. La raison du choix d'une telle approche est aussi simple qu'évidente. Qu'il s'en dise la victime, en déplore l'exercice aveugle ou les fustige avec rage, les nouvelles inflexions – financières et autres – qui travaillent l'édition, et que nous détaillerons, c'est l'éditeur d'abord qui s'en débrouille, certainement pas le sociologue ni l'historien de l'édition. Ces deux-là, par leurs méthodes, sont plus à même de dire ce qui fut que ce qui est, linéament plus ou moins saisissable aujourd'hui de ce qui sera l'avenir du livre et de l'éditeur. Aussi parlerons-nous de l'éditeur comme figure paradigmatique, comme acteur de pratiques communes et partagées, comme inventeur ou imitateur de politiques qui paraissent contre-productives sitôt qu'on daigne se détacher du présent et songer quelque peu à l'avenir. Tous, petits et grands, indépendants ou intégrés, peu ou prou suivons un courant que l'on croit nous porter ou nous emporter, alors que nous n'osons nous avouer que nous pouvons encore manœuvrer les vannes. Aussi les exemples ici donnés sont-ils, loin de toute polémique ou dénonciation – de quel droit nous retirerions-nous du lot, en surplomb ? –, tels des idéaux-types grossiers, fabriqués à partir du croisement de cas réels. Nul n'y cherchera à reconnaître quiconque, mais chacun comprendra d'emblée ce qui se joue cas par cas.

En revanche si, dans le cours de ma démonstration, je m'appuie parfois à titre d'exemples sur le cas d'ouvrages dont je fus responsable comme éditeur, ce n'est pas qu'ils soient de meilleur bec que les autres, mais plutôt que je préfère parler de ce que je connais de près, pour y avoir été impliqué, de l'élaboration jusqu'à la réception critique et commerciale.

 *Commençons donc par la crise de la presse écrite : en quoi affecte-t-elle l'univers du livre ?*

La profonde crise de diffusion, voire de crédibilité, que traverse la presse écrite participe du bouleversement global de la lecture en France. La massification de l'enseignement supérieur n'a pas entraîné, loin s'en faut, la poussée de lecteurs naïvement attendue à proportion du nombre d'étudiants. L'arrivée en masse d'inscrits dans les universités a, au contraire, érodé les processus classiques de prescriptions de lectures, pesé de son poids sur une modification des procédures d'enseignement, et poussé vers le bas – lectures fractionnées – là où il avait été espéré que chacun, tiré vers le haut par les exigences d'un enseignement jusqu'alors plutôt élitaire, devienne un grand lecteur. Si cette dernière catégorie – lecture de vingt livres et plus dans l'année – est en régression constante depuis quelques temps, le nombre des faibles lecteurs – lecture de deux livres minimum dans l'année – est en progression régulière, par la transformation, semble-t-il, de non-lecteurs en faibles lecteurs, plutôt que par dégradation des grands lecteurs.

Concurrencée par des médias d'images plus rapides, et qui mêlent l'information telle qu'ils l'entendent à leur objectif fondamental qu'est le divertissement, la presse a cédé aujourd'hui l'essentiel de la médiation à la télévision. Or le moteur de l'univers télévisuel n'est pas celui de la sphère écrite : il ne vise pas dans le présent la transmission pour demain ni la mémoire d'un savoir capitalisé dans le passé, seule l'instantanéité l'intéresse. Un divertissement ou un grand documentaire de qualité participent tous deux d'une logique spécifique à cet univers : agréger à un instant *t* le plus de téléspectateurs possibles pour vendre à des annonceurs, et au meilleur prix, ce public susceptible de montrer une réceptivité calculée et mesurable aux messages publicitaires.

C'est, on le notera également, la seule logique des journaux gratuits. Ce journalisme sans journalistes, à tout le moins de journalistes enquêteurs, au profit d'un journalisme du « copier-coller » des dépêches d'agence, a pour objectif de tirer profit de la vente d'espaces publicitaires. Grâce, en effet, à leur distribution selon les horaires et les trajets à une population souvent très peu lectrice, ils s'assurent une diffusion sans commune mesure qui leur permet de vendre au plus haut des espaces publicitaires à des clients qui ciblent à leur tour les attitudes de consommation de ce lectorat selon revenus et classes d'âge : automobiles, téléphonie mobile, enseignes de grande distribution, etc.

Point n'est besoin d'être grand clerc pour savoir que seule une infime fraction de la production éditoriale nationale peut trouver sa place dans l'implacable logique de la notoriété à l'audimat.

La crise de la presse écrite, longtemps le médium le plus attaché à rendre compte des livres, participe, répète-t-on à l'envi, de celle, générale, de la lecture, donc de l'écrit. Du moins est-ce la grande raison avancée, réelle assurément, mais dressée aussi en écran de fumée pour n'avoir rien à dire sur l'autre facteur de redoublement de la crise : celui, capitalistique, des rachats des titres par des groupes non plus de presse, mais de communication.

La différence est de taille : la communication, nul ne l'ignore, n'est pas l'information. Cette dernière relève du même ordre que l'écrit, partageant structurellement dans son travail et ses méthodes de grands éléments : temps de recherche et temps de rédaction, méthodes d'élaboration du sujet, consultation, voire constitution, des archives et mise en perspective historicisante, sans oublier, véritable casse-tête le plus souvent, l'articulation subtile du procédé d'investigation et du procédé d'exposition.

À l'opposé, la communication s'inscrit dans le même univers que les médias télévisuels. Ils ont, eux, en commun l'univers de l'image en flux, l'émotion en lieu d'analyse, le slogan par jeu sur les mots et non pas la proposition de sens fondée sur la phrase, le présent sans passé ni lendemain, l'événement sans suite et l'immédiateté sans mémorisation, et de plus en plus l'individualisation forcenée du cours des choses nécessaire à une dramaturgie savamment construite autour de quelques personnages télégéniques et soucieux de ne pas ternir leur image par le goût de la complexité du monde réel. L'écume des jours, pour la communication et la télévision, est la mise en fiction du réel alors que, pour l'écrit, elle n'est que la manifestation des forces historiques, sociales, culturelles qui travaillent en profondeur ce réel.

Dans cet univers de la communication, le spectacle du monde circule grâce aux effets de miroir. Ainsi, la une des magazines, alignés de plus en plus sur le tempo de la télévision, sera consacrée à un couple de personnages, du monde politique ou du divertissement, les frontières sont poreuses, dont la notoriété sur les plateaux confortera les ventes des magazines et journaux. Il se pourra même que la une soit justifiée non pas par une enquête spécifique du journal, mais par la publication de bonnes feuilles d'un ouvrage à paraître sous la plume d'une journaliste ou d'un chroniqueur de ce même magazine. Ces ventes en kiosque du numéro conforteront en retour la notoriété de ce couple fabriqué, sous prétexte que le journalisme d'information l'aura dignifié comme sujet de politique fondamental. En conséquence de quoi, les prestations télévisuelles de ce binôme iront croissantes tant en nombre d'émissions que de téléspectateurs, du fait de son omniprésence sur papier glacé, voire sur les tables des libraires. Au passage, on retrouvera dans ces émissions les journalistes de ces mêmes journaux qui en auront fait des sujets d'enquêtes : mais, bien que venus de la presse écrite, ils réfléchiront la hiérarchie des genres fixée par la télévision et cachetonneront pour leurs brèves de plateaux.

Cette circularité, qui est la structure élémentaire de la communication, a désormais gagné l'univers du livre. Pour ne s'en tenir qu'à la manifestation la plus extérieure : combien de documents politiques et d'ouvrages qui battent pavillon littéraire n'ont-ils pas été mitonnés selon ce qui se donne comme les recettes du succès médiatique et servis par des auteurs qui s'y connaissent en restauration rapide ? Les chances commerciales seront multipliées si ces auteurs, ce qui est le plus souvent le cas, appartiennent à la sphère des médias, laquelle, comme le cirque, est « une grande famille ». Rares seront les critiques littéraires qui pointeront les défauts de fabrication ou de fraîcheur dans les ingrédients, tant ils voudront pouvoir ensuite réclamer leur part prise dans le succès annoncé, par exemple lors de la publication de leur prochain écrit. Depuis peu, les éditeurs se livrent une guerre de position selon le « baromètre » auquel ils accordent crédit : il leur est de la plus haute importance tactique et psychologique que les succès prétendus se reflètent le plus vite possible dans les classements hebdomadaires publiés par les magazines et établis à partir d'échantillons différents de librairies selon chaque panel.

*Tel est donc l'impact, sur le livre, de la crise a priori périphérique de la presse écrite. Qu'en est-il de la distribution ?*

La deuxième crise de la médiation est celle des canaux qu'emprunte le livre pour atteindre son public. Les tensions qui pèsent sur la librairie indépendante ne sont guère connues, à commencer par nombre d'éditeurs, dont la culture professionnelle, en France, ne les porte pour ainsi dire aucunement à prendre la mesure, voire à manifester un quelconque intérêt pour la dimension éminemment matérielle de leur activité. L'intellect et le talent ne suffisent plus, s'ils l'ont jamais fait, à garantir la qualité du travail de l'éditeur : le risque est grand aujourd'hui – et pas seulement du fait de la crise de médiation de la presse écrite – que paraissent des ouvrages qui seront livrés à la critique rongeuse des souris plutôt qu'ils n'atteindront les rayonnages des libraires. Sans alarmisme de mauvais aloi, nous pouvons caractériser cette deuxième crise comme étant celle de la possibilité que les ouvrages publiés existent physiquement pour leurs lecteurs potentiels. En effet, les circuits de distribution sont en plein bouleversement.

Au plan global, le livre occupe encore la première place, parmi les biens culturels, devant la vidéo, le cinéma et la musique. Le livre s'entend ici aussi bien comme un guide gastronomique qu'une édition critique de lais. La librairie indépendante, à savoir celle n'appartenant ni à un groupe ni à une chaîne de magasins multimédias, représentait, en 2006, 41 % du marché du livre (c'est-à-dire hors les ventes par Internet, les ventes par correspondance et les ventes par courtage). Cette librairie se situe le plus souvent dans ce qu'il est convenu d'appeler le « premier niveau ». Les quelque 15 000 points de vente de livres en France (le chiffre n'est pas arrêté, certains préférant la fourchette basse de 12 000) se répartissent en effet ainsi : le premier niveau regroupe les 1 000 premières librairies, classées selon leur chiffre d'affaires, et leur grande particularité est de recevoir mensuellement la visite des représentants de chaque grande maison d'édition venus leur présenter le programme ; le deuxième niveau regroupe les quelque 2 000 librairies suivantes, visitées plutôt trimestriellement par des représentants qui exposent les programmes de plusieurs maisons ; au-delà s'étendent les 8 000 à 12 000 autres points de vente où le livre, en quelques exemplaires, voisine avec des biens qui peuvent être des meubles, des articles de sport, voire des denrées alimentaires.

La librairie de premier niveau joue un rôle moteur pour les sciences humaines et la littérature exigeante, puisqu'elle effectue 50 % des ventes sur le marché du livre, mais uniquement 35 % pour le livre pratique et 38 % pour les dictionnaires. Aux problèmes spécifiques de ce commerce – loyers de centre-ville ; marges commerciales fortement entamées par les frais de formation du personnel ou de recrutement d'un personnel qualifié (généralement Bac + 3) mais médiocrement rémunéré ; horaires d'ouverture hebdomadaire parmi les plus étendus ; et une rentabilité qui demeure globalement faible à 1,4 % – s'ajoute une nouvelle dimension qui n'est pas sans rappeler, en parallèle, les effets de la crise de la presse. Face aux 41 % de parts du marché du livre tenus par la librairie indépendante, 34 % sont tenus par les grandes surfaces multimédias et 25 % par la grande distribution.

Les grandes chaînes multimédias sont dans un entre-deux, ce qui donne lieu à des entrechats observables depuis des années. Appartenant à de grands groupes financiers, elles sont contraintes à des rentabilités qui longtemps avaient été rendues possibles par la vente de biens de divertissement et de technologies de loisir. Pour sa part, le livre représentait un noyau stable, mais d'une rentabilité médiocre au regard des autres biens. L'irruption de l'informatique, puis du numérique avec l'achat en ligne, le téléchargement, l'échange pair à pair, n'a pas seulement profondément atteint l'industrie du disque qui avait, main dans la main avec ces grandes surfaces multimédias, assuré la mort des petits disquaires indépendants au seul profit de ces surfaces, elle a remis en cause les équilibres marchands internes à ces surfaces. La vente du livre demeurant une activité stabilisée à 20 % du chiffre d'affaires global, les chaînes balancent régulièrement : doivent-elles se recentrer sur la fluidité des seules meilleures ventes, flambée d'un titre ou fortes ventes régulières, mais alors au risque d'un désinvestissement du métier de libraire classique, c'est-à-dire de la gestion raisonnée d'un stock de livres où les meilleures ventes, en nombre comme en vitesse, financent ceux qui, souvent plus exigeants ou spécialisés, tournent à une échelle et une vitesse résolument moindres ? Ou, au contraire, lorsque les autres secteurs ne sont pas portés par la conjoncture d'une nouvelle technologie, ne doivent-elles pas mettre en avant le commerce du livre, tout en investissant dans la qualification du personnel et la grande diversité de l'offre ? La loi proposée par Jack Lang, le 10 août 1981, a évité aux libraires le sort des disquaires en imposant le prix unique du livre, quelles qu'en soient les modalités de vente. La situation d'entre-deux des grandes surfaces multimédias vient de ce que, d'un côté, elles devraient pouvoir qualitativement faire jeu égal avec les meilleures et plus grandes librairies indépendantes, et de l'autre, elles ambitionnent d'avoir la rentabilité – qui sied à leurs propriétaires, financiers venus d'un autre monde que la librairie et le commerce du livre – des grandes surfaces. C'est ce qu'exprime avec netteté le directeur de la FNAC, Denis Olivennes, lorsqu'il se dit soucieux que le client trouve le « plus rapidement possible le produit sans s'adresser à un vendeur » – ce qui limite donc en priorité l'achat au livre dont l'acheteur a déjà connaissance du fait de la concentration des projecteurs et lampions sur quelques titres ; et du même coup conduit les vendeurs à renoncer à leur fonction de conseil, de suggestion, de partage d'une découverte. Il définit le nouveau réaménagement de ses magasins qui « a toutes les caractéristiques de la FNAC mais avec la rapidité, la fluidité et l'efficacité du parcours de la grande distribution » (Rouet, 2007 : 229).

La part prise par cette dernière – 25 % du commerce total du livre – n'a rien à voir avec l'éventuelle qualité spécifique de son métier au service du livre. La grande distribution – les enseignes d'hypermarchés – est un univers où le livre a une existence sous surveillance et sans liberté. Les hypermarchés distingueront par des étals particuliers le plus souvent une boucherie, une poissonnerie, une fromagerie et une boulangerie où s'activera un personnel au fait des différents morceaux, espèces ou produits. La plupart du temps, n'espérez cependant pas de librairie : le livre, parfois placé en rayon non loin des huiles de moteur, est en libre accès. Sa présence toutefois résulte d'une sélection drastique par les centrales d'achat qui achètent pour chaque magasin et selon des critères qualitatifs liés non pas au contenu mais à la vitesse espérée de rotation des stocks. Comme pour tous les autres produits en rayons, il faut tenir la règle édictée par les hypermarchés : 80 % d'un stock entré à un moment $x$ doivent avoir été vendus dans le délai de six semaines. Participant des modes de gestion généralisés de la grande distribution – accélérer encore la vitesse d'un produit qui tourne déjà vite en le mettant au meilleur emplacement –, le livre induit l'implication financière de son éditeur. Dès lors que la loi sur le livre interdit les rabais et le jeu sur les marges, une participation financière est demandée aux éditeurs pour leurs grandes campagnes de promotion sur le lieu de vente autour de quelques titres particulièrement commerciaux disposés en tête de gondole, à l'instar, quelques rayons plus loin, des couches vendues par « deux paquets achetés et le troisième offert ». À quoi la grande distribution reconnaît-elle, pour finir, un bon livre ? À ce qu'il peut lui aussi être rangé sous la grande bannière du « Vu à la télé ! ». L'avenir paraît sourire à la grande distribution, puisqu'elle se nourrit de la crise du logement et de la hausse des loyers urbains et, plus généralement, du coût de la vie au regard de la plus faible progression des revenus. Il en résulte l'accroissement de la périurbanisation ou de la rurbanisation, migration des populations vers des zones éloignées des centres villes : les loyers y sont plus abordables mais la vie du consommateur se concentre sur les galeries marchandes du centre commercial, là où n'existe pas, le plus souvent, de librairie.

De tout cela, il résulte désormais que la majorité des éditeurs fabriquent des livres qui jamais n'atteindront la grande distribution. Ceux-ci seront soit absents des grandes surfaces multimédias soit présents en un exemplaire qui ne sera pas automatiquement réassorti après sa vente jugée miraculeuse parce qu'horriblement lente au regard des critères de rotation idéale. La majorité des livres publiés en France ne peuvent donc, bon an mal an, exister physiquement durant un certain temps que dans les grandes librairies indépendantes, diversement achalandées au point que les meilleures ventes du jour y voisinent avec les ouvrages dont le secret est d'être déjà d'hier mais assurés d'être encore de demain. À moins que les ouvrages n'existent que virtuellement au catalogue des librairies en ligne qui concurrencent la librairie classique en dispensant l'acheteur de sortir de chez lui.

Le point commun à ces deux crises de la médiation du livre, c'est le sentiment d'impuissance que nourrit l'éditeur. Il lui paraît qu'il n'a aucune prise sur elles, mais qu'il demeure sous leur emprise. Pour la première fois, la crise n'est pas d'une nature qui lui soit familière, elle n'est ni interne, ni liée à la perpétuation des règles du métier. Elle est plus qu'extérieure, elle lui est *étrangère*, dans ses causes, son ampleur, ses règles, ses principes et ses solutions.

6 *S'il se laisse gagner par ce sentiment d'être démuni, comment l'éditeur peut-il réagir à la crise ?*

La profession, loin de préciser le diagnostic de la crise, réagit de deux manières opposées, mais qui se complètent, soit parce qu'elles seront adoptées tour à tour, soit parce que, dans les deux cas, l'éditeur se met à la traîne.

La première tentation est de se replier sur les vieux schémas et de sombrer ainsi dans une position de victime qui ne peut en aucun cas préparer quiconque à rebondir dans le contexte redéfini sans lui, voire contre lui, par les défis nouveaux. La scène, symptomatique, se passe voilà quelques années. Une maigre centaine de « travailleurs de l'édition », tous métiers confondus, se réunit devant le siège du Syndicat national de l'édition pour protester contre la suspension de la convention collective. La renégociation par branches, au prétexte de l'application du nouveau régime des trente-cinq heures, est l'occasion rêvée, pour la commission sociale du Syndicat dominée par la direction des ressources humaines du plus grand groupe d'édition, de restreindre certains régimes. La CGT, à moins que ce ne fût Force ouvrière, distribue l'unique tract du rassemblement. Côté pile, un appel à la défense des acquis sociaux, qui se dispense d'analyser les nouveaux rapports de force dans un monde de l'édition désormais sous influence externe. Côté face, toujours dans cet esprit de défense et non pas de passage à l'offensive sur la base d'une analyse concrète de la situation nouvelle, une très – trop – longue citation d'un article récent, sinon le premier, que Pierre Bourdieu vient, dans les *Actes de la recherche en sciences sociales*, de consacrer à l'édition (Bourdieu, 1999 : 3-28). Le texte, en corps 8, semble vouloir donner raison aux ennemis déclarés du sociologue : tirée de son contexte, fourrée dans un verso, la citation est un *pensum*. Destinée à un usage public, elle est en contradiction avec les usages du droit de citation : à l'évidence nul n'a songé à demander à l'auteur l'autorisation de reproduire partie de son texte. Mais tout indique que l'extrait n'est pas fait pour être lu ; il n'est là que comme un marqueur. Il signale que les éditeurs sont les dupes d'une « révolution conservatrice » que l'éminent professeur au Collège de France explique grâce à une analyse d'une généralité étonnamment impressionniste et à des schémas où les répartitions en nébuleuses fixent les positions de chacun dans le champ de la culture légitime.

Arguant de l'extériorité de la source de la crise, c'est donc à l'extérieur que l'éditeur demande l'intelligence de ce qui le frappe, sans mettre en cause ni en perspective ses propres pratiques. Il en appelle ainsi aux « pouvoirs publics » sous le prétexte que les solutions relèveraient, comme jadis, d'« une volonté politique », solide euphémisme pour parler de subsides payés, en bout de chaîne, par le contribuable. Or toutes les solutions ne passent pas obligatoirement par la case « pouvoirs publics ». Par ailleurs, l'éditeur est tout ouïe pour les discours qui en termes savants le conforteront dans son rôle favori de victime de processus financiers, économiques et culturels dans lesquels, bien sûr, il n'a lui-même aucune part. Héros nostalgique d'une aventure où l'âge d'or aurait existé ailleurs que dans les souvenirs reconstruits, l'éditeur semble avoir renoncé à être l'acteur de sa propre histoire.

Vouloir contribuer à cerner la nature nouvelle des contraintes et contradictions est, il est vrai, une opération des plus délicates, tant en France, la concentration, étouffante, incestueuse, du plus grand nombre d'acteurs de la production éditoriale dans quelques arrondissements de la capitale crée des solidarités aveuglantes et des empêchements de penser. Y vivent de manière consanguine écrivains authentiques, écrivants par nécessité d'un cursus mondain, journalistes, directeurs de collection et éditeurs. Parfois même s'agit-il des différents masques que porte une même personne qui juge bon de s'en vanter, y voyant un gage assuré de qualité, dans la notice biographique au dos des livres qu'elle signe, voire écrit.

Au stade actuel des choses, c'est l'ensemble de ces acteurs qui se trouve emporté par les transformations qu'imposent les périphéries essentielles de la médiation. De sorte que, dans l'intimité de sa conscience, une fois que l'éditeur aura quitté les estrades où il aura batelé sur le thème « c'est la faute à l'absence de Voltaire si je suis tombé par terre ! » – entendez, celle de tous les autres, qui ne lisent, ne pensent, n'achètent plus –, dans l'intimité de sa conscience donc, il croira préserver l'avenir, voire sauver son chiffre d'affaires et sa peau, en devançant le plus souvent les tendances, les exigences et les évolutions extérieures au monde du livre mais qui visent à le conformer aujourd'hui aux autres univers marchands. C'est la deuxième réaction. L'éditeur tendra à favoriser le temps court de la rotation rapide d'un titre potentiellement assuré de succès sur le temps long des ventes assurées en toutes saisons mais en nombres réguliers d'exemplaires, sans ces poussées de fièvre qui mobilisent et enrichissent chacun – sauf que l'éditeur, par les mouvements de sorties et de réintégration des stocks, tirera de tout cela un bilan plus que mitigé. Or tout prouve jusqu'alors que la servitude volontaire, c'est-à-dire l'acceptation de contraintes étrangères jusqu'ici à l'univers du livre, n'est pas, et de loin, la meilleure des conseillères.

7 *Un signe de la nouveauté de la crise, telle que vous la décrivez, ne serait-il pas la « querelle des faux livres » ?*

Il s'élève à Paris, de ce dernier point de vue de la servitude volontaire, une bien étrange querelle. L'objet en est les « faux livres » que les éditeurs multiplieraient à foison. L'accusation ne reçoit aucune acception précise, sinon qu'elle est toujours portée en ces termes : « livres publiés par d'autres concurrents et qui occupent, dans la presse télévisuelle et écrite ainsi que dans les points de vente la place naturellement dévolue aux miens. » On pourrait, dans un premier temps, s'étonner que la profession ne se réjouisse de la place encore faite au livre comme case nécessaire dans le jeu de l'oie des carrières médiatiques, voire que ces ouvrages soient pour certains milieux sociaux le vecteur d'arrivée à la lecture. De beaux esprits évoqueront des ouvrages sans nécessité.

Sans nécessité vraiment ? Pour une profession qui vit sous le régime, déstabilisant, de la faculté qu'aura tout libraire de retourner les exemplaires invendus dans l'année qui suit sa date de parution, un ouvrage publié répond toujours à une nécessité : faire du chiffre d'affaire. L'explosion du nombre de romans, observable au cours des trois dernières décennies, est le fruit d'un croisement : le retour à la fiction de ceux qui à une autre époque auraient écrit des essais ou manifestes politiques ; et les gains de productivité réels faits par les imprimeurs et les éditeurs. Les coûts de fabrication des livres ont baissé au point que chaque éditeur peut publier, à risques espérés moindres, des textes dont la nécessité sera moins littéraire que d'annonce dans une stratégie de développement. Par ailleurs, le mimétisme étant une maladie génétique de l'édition, la baisse du coût moyen d'impression d'un ouvrage, pour autant que les droits et l'avance versés à l'auteur ne soient pas exorbitants, permet à un éditeur d'espérer limiter les gains réalisés par un concurrent en plaçant dans le sillage d'une meilleure vente un ouvrage sur un thème similaire, à une période semblable et avec une intrigue équivalente.

La « nécessité » qu'évoque la critique est celle, en l'occurrence, pour l'éditeur de tenir un budget et par là, peut-être, d'aider à la publication d'un autre ouvrage qui recueillera, lui, les suffrages d'une critique plus exigeante.

Mais la nécessité littéraire, dira-t-on. Quel autre tribunal du goût que la postérité pour en juger ? Modérons toutefois cette réponse à la Boileau par ce qu'observait Maurice Blanchot à propos de « ce grand et absurde suffrage qu'est la postérité » : « Comment ne pas voir que la postérité est faite des mêmes hasards, des mêmes bizarreries, des mêmes complaisances que l'opinion ? Toujours paresseuse, toujours abandonnée aux habitudes et aux faiblesses du jugement, elle ne représente que les incertitudes du public, sans parler des circonstances matérielles qui menacent les réputations comme les œuvres et mettent à la merci d'un accident physique la valeur des écrits. [...] Les œuvres ne valent pas par la longue suite d'hommes qui les jugent ; elles sont une réponse constante, parfois admirée, parfois négligée, souvent entièrement méconnue, aux questions et aux mythes qui composent le temps » (Blanchot, 2007 : 85). À cette aune, les catalogues des vieilles maisons d'édition fourmillent d'auteurs qui firent les délices de leurs contemporains mais dont nous sommes bien en peine de savoir désormais qui ils furent. L'accusation portée contre les « faux livres » est à ce point indéfinie dans son acception et étendue dans son usage qu'il y entre, sous les dehors d'une posture radicale, un jugement élitiste sur des formes et genres d'écrits jugés socialement non légitimes. *A priori* quel mal peut causer quelque polygraphe vivant de sa plume et publiant en même temps un cycle romanesque du temps des croisades et une vie de Napoléon en passant par la case d'une histoire en plusieurs volumes des combattants de la Grande Guerre ? Au pire, arguant de son talent multicarte, cherchera-t-il à se faire élire « immortel » à l'Académie française – seule assurance-vie existante, à ce jour, pour qui doute de l'existence de son talent contre l'inéluctable oubli par les générations futures. Grand bien lui fasse, il ne porte à la littérature que les éraflures d'un Paul Bourget ou d'un Maurice Barrès, lequel, par ses romans de l'instinct national, était pour la jeunesse « non seulement le maître, mais le guide », selon les termes de Léon Blum dans ses *Souvenirs sur l'Affaire*. Il sombra dans l'antidreyfusisme et gît de nos jours dans les notes en bas des pages d'articles consacrés pas même à la littérature, mais au nationalisme ou au fascisme français, vérifiant ainsi le pronostic du même Blum : « Comme toute une génération littéraire se trouve, par ces incidents tragiques, irrémissiblement condamnée ! » (Blum, 1981 : 83-85, 15). *Sic transit gloria.*

Faute d'analyse précise, on appelle « faux livres » des ouvrages qui sont en réalité de type nouveau. Ils font désormais nombre sur les étals, où l'on peut, notamment dans les librairies des gares et aux rayons des supermarchés, aisément les reconnaître à leur sujet compassionnel – le témoignage d'un albinos victime d'un éléphantiasis qui allait ruiner ses amours jusqu'à ce qu'un séjour chez les Jivaros rétablisse l'harmonie dans son couple ; ou bien encore la confession d'une enfant du siècle tirée de la modestie de sa condition sociale par la rencontre avec la fée télé-visuelle d'une émission où elle aura eu l'habileté de jouer la garce, le public, non sans dérision, votant l'exclusion de la niaise ou de la sainte-nitouche; voire la gloire éphémère d'un petit chanteur élu roi d'un soir pour sa voix autant que pour le mal dont il est atteint et dont la rumeur a été savamment distillée pour que Margot n'oublie pas ses mouchoirs en papier. En quoi ces ouvrages ne montrent pas plus d'indignité, loin s'en faut, que les nouveaux documents politiques qui ont troqué l'ambition originaire de faire comprendre la noblesse qui devrait être celle de la politique dans la Cité contre un voyeurisme équivalent, au temps de la Cour, aux indiscrètes Chroniques de l'œil-de-bœuf. Le livre est alors comme une très longue légende des photos que l'on voit étalées aux unes des hebdomadaires. Ainsi apprendra-t-on, si tant est qu'on le veuille, que la course d'une candidate à la magistrature suprême ne s'explique que par un dépit amoureux ou que le candidat qui s'est préparé depuis des décennies à cette même magistrature est mû par une fêlure secrète. Tout, dans cette littérature, dès l'instant de sa conception, donc bien avant son écriture, dépend des priorités comme des silences et des impasses de l'univers de la communication, particulièrement dans sa version télévisuelle. Telle est la dimension nouvelle.

On voit là cependant à l'œuvre le recyclage de vieilles recettes : somme toute, il y a toujours une part de continuité dans toute innovation. On aura reconnu dans la littérature communicationnelle tous les ressorts éculés d'une littérature sentimentale dont on pourrait, presque terme à terme, n'était la méchanceté, transposer à nos jours la définition qu'en donnait, à la fin du XIX$^e$ siècle, Jules Lemaître, feuilletoniste à la *Revue bleue* : « On y trouve [...] l'élégance des chromolithographies, la noblesse des sujets de pendule, les effets de cuisse des cabotins, l'optimisme des nigauds, le sentimentalisme des romances, la distinction comme la conçoivent les filles de concierge, la haute vie comme la rêve Emma Bovary, le beau style comme le comprend M. Homais » (Lemaître, 1898 : 354-355).

La ressemblance ne s'arrête pas tout à fait là. L'objet de l'ire de Jules Lemaître est un romancier, tombé dans les oubliettes, auteur d'un cycle romanesque intitulé « Les batailles de la vie » dont certains titres, tel *Le Maître des forges*, connurent, dans les années 1880, jusqu'à cent-cinquante éditions et furent traduits dans les principales langues étrangères. Georges Ohnet – c'est de lui qu'il s'agit – entendait satisfaire les goûts et curiosité des lecteurs du plus grand média de l'époque, *Le Petit Journal*. « Il n'y a rien chez lui qui dépasse ses lecteurs, qui les choque ou qui leur échappe. Ses romans sont à leur mesure exacte. M. Ohnet leur présente leur propre idéal. La coupe banale qu'il tend à leurs lèvres, ils peuvent la boire, la humer jusqu'à la dernière goutte [...]; mais qu'il soit entendu que c'est en effet de marchandises qu'il s'agit ici, de quelque chose comme les "bronzes de commerce", et non pas d'œuvres d'art » (Lemaître, 1885 : 355).

Transposée dans le contexte culturel contemporain, la définition garde sa pertinence. La querelle des faux livres n'est possible que par cette intrusion désormais structurelle de l'univers de la communication et de ses valeurs dans l'univers de l'écrit, aux dépens des valeurs de ce dernier. Tous ces ouvrages de types nouveaux relèvent d'une production éditoriale en dérivation. En amont, il y a la télévision et son univers d'images et de simplifications dichotomiques, voire de simplismes ; en aval, il y a l'espoir, pour l'éditeur qui s'en inspire, que la télévision se mire à son tour dans ses produits dérivés et aide à leur promotion.

 *Ne surestimez-vous pas la place que l'univers de la télévision et de la communication prend dans le travail de l'éditeur ?*

À ses commencements, la télévision – publique, il est vrai, et en étroite liberté surveillée puisqu'en mai 1968, un Premier ministre jugea bon de la qualifier de « voix de la France » – puisait partie de ses contenus dans le livre : ce furent les grandes heures des reconstitutions historiques des œuvres dramatiques ou des épopées du bagage littéraire de l'écolier ordinaire, Balzac, Hugo, Corneille, Sand ou Racine. Voilà que désormais partie de la production éditoriale puise son contenu dans les programmes de la télévision, matériau comme écriture, afin d'en faciliter l'éventuelle adaptation. Ces livres ne sont pas faux au sens où ils seraient populaires, plus mauvais que d'autres ou, dirait Lemaître, écrits « pour les illettrés qui aspirent à la littérature ».

Leur fausseté vient de ce qu'ils procèdent à rebours de ce que fait un livre ordinaire, classiquement ordinaire. Ces ouvrages n'ont pas, en amont, d'identité qui les construise : écriture, scénario, acteurs, histoire, tout leur vient d'un autre univers, ils poussent à l'ombre portée de la télévision. Par une originalité qui leur serait propre, ils pourraient en aval construire leur lectorat sur des rencontres intimes ; ils préfèrent, au contraire, courir après un public qui existe en dehors d'eux, rattraper un ensemble constitué par l'univers de l'image et de ses flux. Pour son ralliement à une réalité par nature non pas extérieure à elle, mais *exogène*, c'est-à-dire autre, par le tempo, la vision aplatie du monde et les acteurs stéréotypés, elle paie le prix du renoncement à elle-même. Le tempo : ces livres seront écrits sans maturation, à une vitesse exceptionnelle au point que celle-ci devient un argument de vente, afin que les communautés de téléspectateurs ne soient pas emportées par la vitesse des flots d'images, déjà passées à autre chose, ni n'aient oublié, au moment de la parution, ce dont ces livres sont l'ultime avatar. La vision aplatie du monde : il s'agit de venir conforter le public télévisuel dans ses émotions fébrilement mais passagèrement ressenties, en aucun cas lui proposer une modeste tentative d'intelligence du monde par une mise en éclairage réglée à distance de l'instant compassionnel. Les acteurs stéréotypés : les sociologues des médias précisent que, dans de nombreux foyers, la télévision est allumée en permanence assurant dans une indifférence relative un bruit de fond. Il faut donc écrire fort, ne plus s'embarrasser des nuances de l'écrit et des subtilités de constructions, faire pamphlétaire presque, n'était qu'il faut être consensuel au sens d'une harmonie avec les règles du spectacle télévisuel, qui tolère la caricature glaçante mais abhorre l'ironie glacée. L'écrivain écrira donc comme il prendra la parole sur un plateau ; et loin de passer pour mal dégrossi dans son style et pathétique dans son absence d'imagination, le fait de tirer sur les ficelles du sentimentalisme des séries lui vaudra finalement d'être félicité pour ce qu'il aura fait : une prestation. Courir après le public de l'univers télévisuel majoritaire, vouloir échapper à la réalité qui veut que les lecteurs soient toujours statistiquement minoritaires comparés au nombre de téléspectateurs – quelle autre définition possible qu'une *littérature de capitulation* ?

*Serait-ce là un effet supposé de ce qu'on appelle parfois la « financiarisation » de l'édition ?*

L'intensité d'une crise se mesure à proportion des lieux communs dont elle bat petite monnaie. Voilà quelque dix ans que le milieu de l'édition bruisse de la malédiction nouvelle qui le frapperait et dont les symptômes seraient la « financiarisation », « la rentabilité à deux chiffres », voire « l'édition sans éditeurs ». Ce à quoi, outragé, l'éditeur oppose le talisman aux vertus supposément curatives d'un métier qui serait un « artisanat de prototypes ». Il entre dans tout cela une hypocrisie générale, car bouter les financiers hors de l'édition ne suffirait point à assurer le règne des pratiques vertueuses.

Il n'existe aucune appellation d'éditeur qui soit d'origine certifiée : c'est toujours *a posteriori*, une fois jeté les fondations d'un catalogue, quel qu'il soit – littéraire, scolaire, universitaire, de mémoires de vedettes ou de guides pratiques –, que l'opinion intéressée range tel plutôt que l'autre dans la catégorie des éditeurs. Pour preuve que cette appellation est plus que jamais flottante, on rappellera que des censeurs de « l'édition sans éditeurs » peuvent céder à la facilité d'embauche de personnes dont le seul carnet d'adresses et le réseau de relations leur ont laissé espérer un mirage de même nature que la promesse de développement de l'élevage ovin par les bergeries de Marie-Antoinette.

Dans ces conditions, l'exigence d'une rentabilité à deux chiffres paraît ni plus ni moins scandaleuse qu'une rentabilité à un chiffre. En matière de rentabilité, ce n'est pas la fin qui est problématique, qu'elle soit à un ou deux chiffres, ce sont les moyens. Il n'y a ni vice ni vertu particulière attachés à la barrière symbolique du chiffre dix. Ce genre de croyance est du même ordre que celle qui, il n'y a guère et souvent chez les mêmes, prêtait toutes les vertus à la nationalité française du groupe Hachette lorsque celui-ci se porta acquéreur de son grand rival Éditis, anciennement Vivendi Universal Publishing. Le groupe Vivendi, mis à genoux par les extravagances financières de Jean-Marie Messier, cherchait à se débarrasser de ses activités d'édition. Quel risque tellurique courait-on ? Qu'un éditeur étranger, à moins que ce ne fût un fonds de pension, se montrât intéressé par le deuxième groupe français.

Nouveau général Boulanger, le ministre de la Culture Jean-Jacques Aillagon sonna du clairon et tous les clercs, au rapport, de s'écrier d'une même voix que, les Éditions Plon se trouvant dans la musette d'Éditis, nul ne saurait souffrir « que les œuvres du général De Gaulle passent entre des mains étrangères ». Les trois couleurs arborées par le groupe Hachette se fondaient en des tons virginaux qui firent croire que ce groupe était l'ultime rempart contre une possible annexion éditoriale par des puissants étrangers, effaçant par là toute la nature monopolistique d'une opération où le montage financier se mêlait aux amitiés politiques. Des éditeurs comme Gallimard, Le Seuil et La Martinière, et les syndicats de libraires ne trouvèrent plus de leur âge d'applaudir à la prestidigitation et ils arguèrent auprès de la Commission européenne que le libéralisme du marché, dont elle se faisait le chantre, exigeait des conditions de concurrence non faussées. Le risque n'était pas mince : premier groupe d'édition avec plus d'une trentaine de maisons d'édition (aujourd'hui une quarantaine), deuxième libraire de France derrière la FNAC avec les Relays, Virgin, Extrapole et le Furet du Nord, propriétaire d'Europe 1 et d'Europe 2, de la société de production cinématographique Hachette, du groupe de presse Hachette-Filipacchi et de plus de deux cents titres de presse dans le monde, le groupe, fusionné avec Éditis, aurait assurément pesé plus de huit fois le chiffre d'affaire du deuxième éditeur. L'autre risque évident était celui de « prescriptions croisées » édition-presse-médias, ce qui, plus pudiquement, s'appelle des « synergies ». Encore convenait-il d'ajouter que, plus puissant diffuseur et distributeur, Hachette fournissait en production globale 60 % des livres vendus par le premier niveau de libraires (soit les chaînes et les librairies indépendantes), 75 % pour les hypermarchés, 80 % pour les autres points de vente (petites et moyennes librairies, kiosques, etc.). Producteur et promoteur, Hachette devenait en plus prescripteur. À Bruxelles, la Direction de la concurrence et du marché intérieur vit le risque de constitution d'un monopole et exigea qu'Hachette renonçât à son opération d'acquisition. En conséquence, Hachette retint dans son périmètre les maisons universitaires d'Éditis, redessina les contours du deuxième groupe et, en le revendant choisit son rival en la personne de l'acheteur (Bonnet, 2003 : 48-68).

Que l'édition soit une affaire d'argent, de bénéfices, de retour sur investissement, de prise de risque et de profitabilité, la cause semblait entendue depuis les commencements. Un éditeur fait commerce des idées et ce commerce n'est pas sans laisser sa marque dans les rapports, épistoliers ou autres, qu'il entretient avec ses auteurs. Qui plonge dans les correspondances échangées entre Gaston Gallimard et Marcel Proust ou Paul Claudel, mieux encore, Louis-Ferdinand Céline, découvre alors l'importance des questions d'argent, de droits, de rentabilité. Sous cet angle, la seule question qui vaille alors d'être posée est celle de la nature des ouvrages publiés pour qu'une maison d'édition soit florissante. Non pas qu'il y ait des ouvrages plus indignes que d'autres, l'édition, à la différence de l'industrie cinématographique, n'ayant pas encore officiellement classé ses productions en séries A et B. Elle aurait plutôt tendance à distinguer, nous l'avons esquissé et y reviendrons plus longuement, les livres au sens classique du terme des produits de types nouveaux à l'ère de la communication. Une différence non plus de degré de qualité au sein d'un genre unique, mais, plus radicalement, de nature et d'espèce.

Aujourd'hui encore nous avons la liberté de choix, en sorte qu'un astrophysicien spécialiste de la théorie des cordes peut se divertir avec des histoires érotico-policières dont le surmâle défend l'Occident à Kaboul ou à Bagdad, tandis que l'éditeur de fiches cuisines plastifiées pour les ménagères des hypermarchés se délectera avec *Voyage en Grande Garabagne* ou *Émergences, Résurgences* de Michaux. En l'occurrence, avant de débattre de la financiarisation de l'édition ou de l'effacement de la figure de l'éditeur, nul ne saurait oublier une vérité de l'édition qui est de toute époque : chaque ouvrage commence par être, sous la forme d'un exemplaire, un simple bien matériel qui ne devient véritablement un livre qu'à la condition qu'un lecteur le fasse entrer dans son univers personnel comme un enrichissement singulier. Sinon, l'exemplaire demeure un petit tas de feuilles, imprimées et encollées à froid.

# 10

*N'allons pas plus avant, répondez d'abord : parlerez-vous des éditeurs ou de l'éditeur ?*

L'éditeur, dis-je. J'ai expliqué plus haut les raisons de ce choix qui sont d'ordre démonstratif : construire une figure singulière, qui serve de paradigme à l'analyse de toutes les conduites observables dans la profession, puisqu'elle les adoptera très souvent tour à tour, ou simultanément. Le risque est que l'ordre de l'exposé introduise, par modélisation, de la logique dans l'ordre de la réalité qui paraît en manquer singulièrement. L'éditeur, donc. Mais existe-t-il même ?

La querelle, si elle est vidée du côté des philosophes, est tout aussi vive que sourde chez les gens du livre : c'est la grande querelle du nominalisme. Elle engage de fait la possibilité d'une analyse en termes généraux et cerne les enjeux majeurs de la liberté d'action dont disposent désormais les institutions représentatives de la profession. Les termes de la querelle veulent tantôt que les traits communs, universels, l'emportent dans l'unité du genre, définissant une acception générale et vraie de « l'éditeur », ou que ne prévalent au contraire que les particularités liées à autant de situations diverses et irréductibles les unes aux autres, en sorte que « l'éditeur » n'est qu'un nom de pure convention qui ne recouvre aucunement la réalité – à savoir la pluralité incommensurable des mondes de l'édition (« les éditeurs »).

On reste dubitatif devant la tentative de définition qu'a risquée Pierre Bourdieu et qui n'a de général que les atours, tant elle est marquée d'agacement (de mépris peut-être même ?) et d'exclusive : « L'éditeur est celui qui a le pouvoir tout à fait extraordinaire d'assurer la *publication*, c'est-à-dire de faire accéder un texte et un auteur à l'existence *publique* (*Offentlichkeit*), connue et reconnue. Cette sorte de "création" implique le plus souvent une *consécration*, un *transfert de capital symbolique* (analogue à celui qu'opère une préface) qui est d'autant plus important que celui qui l'accomplit est lui-même plus consacré, à travers notamment son "catalogue", ensemble des auteurs, eux-mêmes plus ou moins consacrés, qu'il a publiés dans le passé » (Bourdieu, 1999 : 3).

Cette définition s'applique assurément à des éditeurs comme José Corti ou, plus qu'il n'y paraît pour ce qui est de la distinction symbolique, le Guide Michelin, mais également à tout éditeur qu'anime le souci de se distinguer auprès des lecteurs par la cohérence de son catalogue et la qualité, dans son domaine, de ses auteurs et de leur maîtrise des règles du genre. La définition s'appliquera donc à Bernard Fixot, qui a consacré avec succès nombre de bâtisseurs de grandes fresques historico-romanesques. Sauf que le sociologue l'exclut du Purgatoire de l'édition, nommément, et le rejette dans les abîmes des « marchands de livres ». On aura compris de cela que le lectorat n'est pas une instance légitime de légitimation.

Les apparences poussent aujourd'hui au nominalisme rude, alors que les économistes parlent joliment de duopole ou d'oligopole « à franges concurrentielles » – en d'autres termes, l'expression forgée par George Stigler dit la réalité d'un noyau constitué par les deux premiers groupes aux marges desquels s'activent les autres éditeurs de taille moyenne ou petite. Que peuvent bien partager un groupe Hachette, propriété personnelle d'Arnaud Lagardère, qui se targue sur son site en ligne de « manipuler en une année 255 millions d'exemplaires » et affiche un chiffre d'affaires annuel de quelque un milliard neuf cent soixante-quinze millions d'euros en 2006, d'une part, et un petit éditeur indépendant qui peine, travaillant amoureusement à l'ancienne dans son arrière-cuisine, à atteindre quelques milliers d'euros, d'autre part ?

Le groupe et l'éditeur ne partagent rien *a priori*. Ce sont deux univers que l'on croirait définitivement parallèles, n'était leurs points de croisement. Le premier sera le Syndicat national de l'édition, si le petit éditeur peut acquitter son adhésion, ou si le grand groupe ne refuse pas d'acquitter les siennes, au cas, improbable désormais vu sa part dans le financement du fonctionnement des instances représentatives, où le Syndicat défendrait des positions qui n'agréeraient pas au Groupe. Quand on a l'esprit frotté de philosophie, l'appellation au singulier « de l'édition » inspire une inscription possible au fronton de l'immeuble du Syndicat : non pas « Nul n'entre ici s'il n'est éditeur », mais : « [...] la réalité [...] n'est qu'un nom : ou, si elle est quelque autre chose, elle cesse nécessairement d'être abstraite et générale. » C'est emprunté à Étienne Bonnot de Condillac, dans sa *Logique*, au chapitre V (deuxième partie) délicieusement intitulé : « Considérations sur les idées abstraites et générales, ou comment l'art de raisonner se réduit à une langue bien faite. »

Le deuxième point de croisement, plus plausible celui-là, est la librairie dite de qualité, celle qui subsiste encore dans votre quartier, qui connaît les goûts de sa clientèle, y pourvoit, mais lui fait également découvrir des chemins nouveaux que, sans elle, le chaland ne fraierait pas. C'est là, dans ce lieu même, dans cette boutique plus ou moins grande que voisinent l'épopée de la gagnante d'une série de télé-réalité et les *Éléments* d'Euclide ou une édition bilingue du *Kitâb al-Hurûf* (*Le Livre des lettres*) d'Alfarabi. Le compagnonnage durera jusqu'à la rencontre des lecteurs – compagnonnage qui passerait pour improbable dans nombre de pays voisins où la librairie est majoritairement entre les mains de chaînes dont les commandes ou les refus décident de la carrière d'un ouvrage.

On devine d'emblée ce qu'il y a de problématique à subsumer sous un même terme des pratiques professionnelles aussi différentes. Dans le premier cas, celui de la vedette télévisuelle, il y aura eu un contrat entre l'éditeur, c'est-à-dire la maison d'édition qui assurera la publication matérielle du livre et sa commercialisation appuyée par des campagnes publicitaires venant elles-mêmes relayer un fort lancement télévisuel, et la vedette appelée « l'Auteur » dans les documents juridiques et qui signera l'ouvrage ; un deuxième contrat ou un appendice au premier liera l'éditeur et le porte-plume, qui rédigera l'ouvrage à partir d'entretiens avec la vedette. Quels sont les enjeux d'un tel livre ? Le plus souvent on parle d'un « coup », terme vague et répété à l'envi, mais qui renvoie à un temps-espace particulier : paraître le plus vite possible après l'événement (ici, le couronnement d'une série télévisée) avec un espoir de gains immédiats, mais sans lendemain, puisqu'entre-temps une autre vedette d'un soir aura pris la place, sinon les lauriers de celle qui vient tout juste d'entamer la promotion de son livre.

Tout ici se joue au présent, et dans un espace qui excède très largement celui de la librairie indépendante : les plus fortes ventes sont attendues de la grande distribution et de son rayon consacré aux livres, où n'officie aucun libraire formé à dessein mais où les exemplaires sont mis en vente dans des présentoirs en carton, fournis souvent par l'éditeur et disposés dans l'allée médiane, en tête de rayon.

L'éditeur d'Alfarabi est, pour sa part, dans un temps-espace à rebours du précédent. Éditeur, il n'aura pas seulement produit matériellement les exemplaires de l'édition ; peut-être aura-t-il mis la main à l'établissement savant de l'édition, en colligeant les variantes, établi la version retenue du texte d'origine par la lecture du manuscrit de référence, et établi l'appareil de notes explicatives. Ce matériau, il l'aura également préparé pour la composition par un jeu subtil de variations sur les caractères et leurs corps, afin que d'emblée le lecteur distingue le texte et ses éventuelles notes ou variantes de l'auteur des notes, du commentaire, des appendices et de la présentation dus à l'éditeur-traducteur. Le soin apporté à ce travail sera à proportion des années consacrées à l'établissement du texte, parce que l'enjeu de ce travail d'éditeur est de l'ordre, lui aussi, du gain – mais du gain symbolique d'abord, pour que celui qui aura établi l'édition et celui qui l'aura produite et commercialisée trouvent rang parmi les spécialistes d'un domaine circonscrit de savoir et les grands éditeurs d'ouvrages de référence. Ces gains symboliques seront réalisés dans le champ des institutions qui seront source de légitimité au niveau national et international, grâce à des comptes rendus de revues savantes, voire des colloques. La temporalité de la gratification immatérielle est lente, et le temps-espace de ces éditions est aux antipodes du précédent exemple. Le futur est la temporalité de ces éditions savantes qui rencontreront assurément leur public au fil des ans. L'édition sera souvent présente dans les grandes librairies de qualité en un exemplaire dont la régularité de la vente, avec des dizaines d'autres, vient grossir la part structurelle du chiffre d'affaires, laissant à la part conjoncturelle les succès passagers mais impressionnants d'ouvrages de vedettes télévisuelles. Toutefois, l'autre espace de cette édition savante sera la vente directe, par réseau numérique aujourd'hui, expédition de catalogues autrefois, auprès d'une clientèle fidélisée de par le monde.

Tout oppose donc ces deux éditeurs, sinon la seule librairie de qualité. Chacun aura pourtant développé une stratégie équivalente dans son domaine de compétence respectif. L'un et l'autre auront choisi un auteur qui relève du même registre que les précédents, afin de souligner une continuité de leur marque : l'un aura recherché un texte célèbre ou à redécouvrir, car il le tient pour une étape dans le développement historique de la discipline qui structure la collection où paraîtra le texte ; l'autre aura démarché une personnalité en vue du monde du divertissement, de la politique spectacle, voire un cumulateur de jetons de présence dans des conseils d'administration, l'aura convaincue de signer un ouvrage que des documentalistes, contractuellement rémunérés, lui prépareront ou rédigeront afin que ce nouveau livre rejoigne des titres précédemment publiés dans une collection spécifique. Pour conforter leur politique de constitution d'un catalogue et de fidélisation d'un lectorat, chacun de ces deux éditeurs aura semblablement respecté les codes des genres respectifs de leurs ouvrages : sobriété, sinon austérité cultivée de la couverture compensée par le jeu varié des polices de caractères pour le premier ; tandis que le second, tout au contraire, veillera à ce que la couverture de ses ouvrages soit voyante, colorée, donnant toute valeur au nom de l'auteur et soignera la police et le corps large et unique du texte. Le premier lestera l'ouvrage de notes et d'index et choisira un papier fin, offset, voire couché, lorsque son confrère retiendra un papier bouffant, grossira l'ouvrage de cahiers photos et troussera une table des matières dont chaque entrée sera soigneusement définie pour annoncer une anecdote, un personnage clé, voire un drame qui retiendra d'abord l'attention des journalistes de la presse grand public et de l'univers télévisuel.

Pour finir, l'un et l'autre auront précisé les conditions de parution ou de lancement de leur dernière production avec le diffuseur, dont les représentants iront porter aux libraires la bonne parole et prendre les commandes, et le distributeur, chargé d'expédier en colis les exemplaires auprès des points de vente, avec l'éventuel matériel d'accompagnement marketing ; ce seront, pour le premier, quelques librairies spécialisées et des librairies généralistes de qualité fréquentées par un chaland lettré ; ce sera, pour le deuxième, à la marge ces mêmes points de vente, au cœur du système les dépôts de presse des gares et aéroports, les rayons livres des hypermarchés, lieux plus fréquentés par le public qui trouve plaisir à ces lectures – un public, on l'oublie très souvent, socialement intimidé par l'éventail de l'offre d'une librairie, et qui, pour choisir, s'en remettra au choix des centrales d'achat d'hypermarchés, comme il le fera pour tous les autres biens, ou aux éloges que vaudront à ces ouvrages des campagnes de lancement ou des voyages en présence de l'auteur, sur les lieux de son récit et strictement réservés à quelques plumes de journaux à grands tirages et voix de chaînes télévisées, lesquelles manifesteront chacune, au moment opportun, leur sens des convenances à l'égard de leur hôte en célébrant de manière appuyée son dernier né.

Dans les deux cas, chacun aura déployé ses talents, montré un professionnalisme médian qu'on ne peut qu'attendre de chacun, mais qui étonnamment passe pour une chose assez rare. La compétence professionnelle des deux éditeurs se sera donné libre cours semblablement et dans un monde commun – l'édition – mais à des plans différents, séparés par une distance assurément moindre que celle qui sépare le médecin de famille du spécialiste de la médecine fœtale par nanotechnologie. Il ne viendrait à l'esprit de personne de ne pas reconnaître à l'une et l'autre de ces deux dernières figures l'égal titre de médecin. Or depuis quelques années celui qui, dans notre exemple, aura déployé tous ses talents pour vendre le plus d'exemplaires des mémoires d'une Lolita, d'une biographie historique signée de quelque éphémère gloire politique ou des prophéties de conseillers du Prince régulièrement démenties par le cours des événements, se voit récuser le titre d'éditeur et accuser de pratiquer une « édition sans éditeurs », comme si l'on voulait distinguer le vrai apothicaire du préparateur usurpant le noble titre.

**11** *Mais si celui qui édite un traité philosophique d'Alfarabi et celui qui publie les mémoires d'une actrice d'une série télévisée peuvent, chacun dans son domaine, faire la preuve de leur compétence professionnelle, c'est donc que l'expression « l'édition sans éditeurs » ne signifie pas grand-chose ?*

La question mérite qu'on la décortique longuement, tant ce qui est une véritable pose de l'« éditorialement correct » empêche de penser les responsabilités respectives de chacun, de comprendre les rapports nouveaux dans le champ de forces de l'édition, de mesurer enfin les possibilités encore réelles d'y aménager des espaces de liberté, c'est-à-dire l'exigence de l'intelligence des choses.

Donc « l'édition sans éditeurs », dans l'acception commune qu'a reçue cette formule désormais d'inanité sonore, impliquerait qu'il ne se trouve plus aux postes de commande des hommes et des femmes intéressés à l'élaboration d'un catalogue, c'est-à-dire d'une identité de marque par des choix personnalisés de disciplines, de genre, d'écriture et de sujets. En lieu et place, paraîtraient des ouvrages destinés à se vendre plus rapidement et produits industriellement. Mais par qui sont-ils « produits », sinon par des personnes qui font montre de compétences pour publier, c'est-à-dire choisir, ce type d'ouvrages ? On entend déjà se récrier les utilisateurs de la formule pour nous signifier que là n'est pas la question, que cette dernière est celle de l'édition, pas des éditeurs. Ce déplacement, il est vrai, est plus proche de l'origine de la formule.

Au commencement, cette expression est le titre donné par l'éditeur américain André Schiffrin à un petit ouvrage de nature autobiographique et qui narrait entre autres choses ses déboires avec le nouveau propriétaire, suite au rachat du groupe d'édition auquel appartenait la filiale qu'il dirigeait (Schiffrin, 1999 : 45-62). L'essentiel du différend porta sur un conflit de temporalités : au cycle long ou moyen du retour sur l'investissement dans une politique éditoriale exigeante défendue par André Schiffrin, la nouvelle direction du groupe, pressée de récupérer sa mise d'achat, opposait un retour raccourci dans le temps sur les mises de fonds beaucoup plus élevées, liées à une politique éditoriale faite d'ouvrages très grand public. Les positions respectives, loin de se compléter ou de s'articuler, s'opposèrent comme deux absolus antagoniques. En quelque sorte, pour ne prendre que le domaine de l'autobiographie, c'était *Les Mots* de Jean-Paul Sartre contre *I Love You* de Nancy Reagan, un choix des lettres que lui avait adressées son mari Ronald.

Ce cas d'école a généré, du fait de son titre, une expression valise détachée de son contenu d'origine pour que chacun y fourre tout et son contraire. Dans l'exemple qui nous a retenu, la maison d'édition qui a bâti son catalogue à partir de grands noms du monde du divertissement, a également constitué ses réseaux médiatiques et commerciaux de ventes soutenues. Par ailleurs, d'expérience n'ignorant rien de la courte durée de vie de ces ouvrages, elle a organisé des enchères afin, au stade le plus initial du lancement du livre alors que le bruit autour est à son amplitude maximale, que des éditeurs de collections de poche s'en disputent les droits. Cette maison, donc, aura fait montre d'un professionnalisme avéré, prouvant, ô combien, qu'un éditeur aura du début à la fin tenu la barre. On voit, à partir de ce cas, que l'expression « édition sans éditeurs » signifie autre chose que ce qu'elle prétend explicitement : implicitement, il nous est dit qu'il ne saurait y avoir d'éditeur, car, vu la nature des ouvrages, il ne saurait y avoir d'édition. Un mot manque dans l'expression, qui dit la réalité implicite du jugement : il n'y a pas, dans cette affaire, de livre. L'exemplaire disponible en librairie est au mieux un produit, il ne saurait accéder à la dignité d'un livre. On déniera en conséquence, à qui le lira, le titre de lecteur. Sous couvert d'une dénonciation des dérives d'un certain capitalisme d'édition, on campe dans l'hyperbole de la distinction et des stratégies de disqualification des goûts jugés illégitimes.

La situation ne manque pas d'un certain sel : il serait séant d'accabler d'un mépris radical chic les « faux livres » au moment exact où la sociologie des pratiques culturelles rencontre enfin « l'homme pluriel ». Chacun, dans ses préférences culturelles, n'est pas inéluctablement déterminé par sa seule position sur l'échiquier social et les choix supposément cohérents de dispositions (loisirs, lectures, pratiques sportives, types de musique et attitudes esthétiques) attachés inéluctablement à cette position (ce que Pierre Bourdieu appelait l'*habitus*). Joue au contraire la pluralité d'expériences sociales que l'individu fait au cours de sa vie : les grands facteurs en sont la mobilité – sociale, salariale et professionnelle –, l'influence du conjoint et des amis, la fréquentation du groupe des collègues, mais aussi l'affaiblissement du crédit porté par la société à la culture lettrée, artistique, musicale et écrite. Chez l'individu, ce sont, au regard des types de consommation culturelle supposément impliqués par son statut social, les dissonances culturelles qui l'emportent. La frontière entre goûts légitimes (l'opéra, Flaubert, les correspondances d'écrivains et Miró) et culture jugée moins légitime parce que sans grande exigence d'apprentissage pour en faire son miel (chanson française, Frédéric Dard ou la bande dessinée, et Salvador Dali) ne suit pas, en effet, les coupes stratigraphiques de la hiérarchie sociale, mais traverse l'individu dans une différence « de soi à soi ». De fait, Jean-Paul Sartre, le premier, avouait particulièrement goûter les séries B américaines, un divertissement dénué de légitimité culturelle (Lahire, 2004 : 13, 172, 213).

Au-delà donc des expressions anesthésiantes de la pensée commune (faux livres, financiarisation, disparition des éditeurs en relation inverse avec l'inflation de parutions), il faut donc démasquer l'implicite et pousser l'analyse.

# 12

*Peu importent finalement les expressions toutes faites, l'essentiel n'est-il pas que l'éditeur prenne conscience de la grande transformation qui advient?*

La grande transformation qu'observe l'éditeur, lorsque la nécessité d'assurer sa survie sans mutation de ses exigences le conduit à plus de perspicacité, touche simultanément l'ensemble des segments de la chaîne qui, de l'amont à l'aval, donne forme et vie à un livre. Aux deux grandes transformations déjà évoquées et touchant à la médiation du livre vers les lecteurs se rajoute, dans le même temps, la transformation des cycles de production de savoir, d'écriture et de lectures.

Du côté de l'institution universitaire, le raccourcissement du nombre d'années consacrées à une thèse conduit à des travaux qui se limitent à un objet qui existe au préalable et non plus qui ambitionnent l'invention d'un sujet par une problématique forgée et validée sur une dizaine d'années (ces grandes thèses des années cinquante et soixante du XXᵉ siècle qui furent à l'origine, par exemple, de « la nouvelle histoire »). D'où un esprit, étroitement positiviste en général, qui rarement débouche, malgré son aspect de nouveauté dans le temps, sur de l'intellectuellement neuf. Ce raccourcissement des cycles de production de savoir se retrouve également dans les cycles d'acquisition des savoirs. La semestrialisation des trois premières années d'enseignement supérieur assurera certainement un bon niveau de culture générale, mais favorisera les initiations synthétiques à divers domaines plutôt que la pénétration analytique dans les corpus de référence qui font l'identité de chaque domaine. Il en résulte une pratique différente de la lecture : désormais fragmentaire, trop souvent confinée à un seul chapitre photocopié d'une grande œuvre, cette nouvelle pratique n'a pas seulement cessé de fragiliser, par la perte des achats qu'elle induit, l'édition universitaire et généraliste, elle assure aussi le règne des ouvrages de synthèse. Cette lenteur de l'institution universitaire à ouvrir son corpus de référence et ses programmes nationaux à des auteurs et questions nouveaux rencontre le souci de rationaliser à tout le moins leur gestion que manifestent les deux grands groupes éditoriaux – lesquels concentrent l'essentiel de la production universitaire. À ce jour, dans la cour des grands, seules les Éditions Belin demeurent indépendantes. Le risque est ainsi réel d'une homogénéisation de la production éditoriale, répétitive malgré sa qualité d'écriture et pour finir, au plan intellectuel, peu innovante. Toutes ces transformations, cumulées, donnent le sentiment d'une addition de problèmes, d'une calamité conjoncturelle. Pourtant, de quelque côté qu'on la considère, cette transformation est singulière, identique en chaque segment, et a pour nom *la marchandisation*.

# 13 *Qu'appelez-vous « marchandisation » ?*

Voilà le mot lâché. Il claque fort, porte haut, résonne comme un slogan, il a une ampleur en bouche qui permet qu'on le charge de tous les maux, pour finalement ne rien expliquer. La marchandisation implique, pour se charger de sens, qu'on en décrive, au niveau de l'éditeur, les effets insinuants, le pouvoir d'inhibition, la ruse de l'intériorisation, la force de censure.

La marchandisation résulte de la grande transformation, expression reprise ici en guise d'un très modeste hommage au maître-livre de Karl Polanyi. *La Grande Transformation* fut pour plusieurs générations après 1968 une lumière dans les ténèbres théoriques. Le premier, il montra que l'activité économique, constituée en une instance autonome du reste, était une spécificité historique de l'Occident. Le marché autorégulé n'est ni naturel ni universel. De tout temps, il a existé des marchés locaux, nationaux, voire internationaux articulés par l'échange à d'autres marchés nationaux. Tous demeuraient cependant structurellement une partie constitutive de la société, selon la définition aristotélicienne que Polanyi rappelle : « les relations sociales de l'homme englobent en général son économie » (Maucouran, 2005 : 13). L'économie s'entend ici au sens « substantif », c'est-à-dire la satisfaction des besoins matériels, et non pas « formel », au sens d'un modèle à prétention universelle quels que soient les types de satisfaction particuliers auxquels pourvoir (Polanyi, 2007 : 63-79). L'émergence, avec le libéralisme, de la société de marché dit bien le mouvement résolument inverse : c'est l'économie qui entend englober la société dans son ensemble, au risque mortel pour celle-ci de voir toute activité matérielle ou immatérielle ramenée à une activité marchande. Le marché, dans son utopie d'auto-régulation, sans intervention et en surplomb de la société, a transformé en marchandises, non sans infliger des « blessures mortelles aux institutions », les trois piliers de son expansion dévoratrice : l'homme, la terre, la monnaie.

À ces trois piliers historiques, le libéralisme dans sa phase actuelle rajoute la vie, qu'il veut breveter, et la connaissance. La connaissance s'entend ici non plus dans sa forme objectivée et classique des inventions, mais dans celle de ces savoirs communs qui sont le bien collectif et le lien social de communautés humaines (on songe aux médecines traditionnelles de communautés spécifiques, amazoniennes ou autres, que des laboratoires veulent transformer en marchandises qui leur seraient propres) ou des séquences de recherches en cours dans des domaines telles la biologie, la physique des particules ou la physique des matériaux.

Encore Polanyi nourrissait-il l'espoir que la société résistât à la marchandisation « fictive » de la terre, de la monnaie et de l'homme : dans la fiction du libéralisme, ils sont réduits à des utilités, mais « le travail n'est rien d'autre que ces êtres humains eux-mêmes dont chaque société est faite, et la terre, que le milieu naturel dans lequel chaque société existe. Les inclure dans le mécanisme du marché, c'est subordonner aux lois du marché la substance de la société elle-même » (Polanyi, 1983 : 108).

En ce sens, les biens sociaux transformés par la société de marché en marchandises demeurent donc des marchandises en partie « fictives ». Gardons ce point à l'esprit, pour saisir que ce qu'on va lire n'est pas une noire prophétie, ni le dévoilement d'un état des choses que nul n'aurait vu jusqu'alors. C'est plutôt une première réflexion sur un développement logiquement nécessaire dans la représentation que l'idéologie libérale-marchande se fait du marché, donc du monde. Il s'agira en conséquence d'une analyse formulée en termes de *tendances*.

La marchandisation du livre, à laquelle nous donnerons un contenu formel, s'inscrit dans ce mouvement historique général. Elle marque, à nos yeux, la fin du grand cycle, ouvert au temps des Lumières, de la *commercialisation* du livre.

# 14

*Avant l'ère actuelle de la « marchandisation », que fut ce que vous appelez le grand cycle de la « commercialisation » ?*

Que le livre soit un bien commercialisable, voilà une réalité constitutive de l'activité de la librairie et de l'édition depuis leurs commencements. À ce titre, le livre connut tous les avatars de la marchandise, de la surproduction que le marché ne pouvait absorber jusqu'à la contrefaçon, celles de l'*Encyclopédie* de Diderot demeurant parmi les plus célèbres. Marchandise pas comme les autres, dit le chœur des éditeurs. Il est vrai que le taux de TVA est un des plus faibles, que cette marchandise peut être retournée au producteur par les libraires dans l'année qui suit sa date de publication, qu'il y a une saison des prix, mais pas des soldes, qu'enfin les exemplaires retournés sont le plus souvent détruits – le pilon – afin de garder quelque valeur fiscale et commerciale au stock diminué. Oui, matériellement, le livre est depuis ses débuts une marchandise dont nombre, de l'auteur à l'imprimeur, de l'éditeur au libraire, du diffuseur à l'illustrateur, font métier de commercer.

La grande transformation prend la forme d'une transition d'un cycle historique à un autre. Dans les années quatre-vingt du siècle dernier, date très grossière, s'est clos le cycle ouvert au XVIII<sup>e</sup> siècle de la *commercialisation*. Porté par le triomphe du libéralisme économique, ce cycle fut d'abord initié par la rupture anthropologique dont Michel Foucault a pris la mesure. En effet, l'ordre du savoir n'est plus régi par le souverain, garant de la stabilité du monde, de ses mots et de ses choses ; il est désormais référé à l'homme, sujet de l'histoire pris dans sa finitude. Le savoir n'est plus une représentation en un tableau de l'ordre immarcescible des choses réparti entre les trois domaines fondamentaux que sont l'histoire naturelle, la grammaire générale ou l'art de raisonner vrai, et l'analyse des richesses ; désormais il articule l'organisation du monde autour de l'homme qui vit, parle et travaille. Trois disciplines nouvelles deviennent les piliers du savoir : la biologie, la philologie – bientôt la linguistique – et l'économie politique. Au discours généraliste de l'honnête homme se substituent des approches spécifiques constituées en savoirs particuliers (Foucault, 2001 : 154-160).

Dans ces conditions, le livre, jusqu'alors produit par des imprimeurs-libraires, subit une double mutation. En quelques décennies, il sera l'enjeu d'une division du travail qui verra les tâches se répartir entre l'éditeur qui concevra dans la continuité un programme avec des auteurs, l'imprimeur qui imprimera les exemplaires, le libraire enfin qui vendra le livre aux particuliers. La deuxième mutation, majeure, est la naissance du statut d'écrivain avec l'affirmation de ses droits patrimoniaux sur son œuvre de création. Le droit d'auteur est adopté par la Convention en 1793. Celle-ci reconnaît un droit exclusif au profit de tout auteur, quel que soit le genre où il excelle, de reproduction de ses œuvres pour la durée de sa vie entière et au profit de ses héritiers pour une durée de dix ans après sa mort. Au cours des débats, Lakanal déclare : « De toutes les propriétés, la moins susceptible de contestation, celle dont l'accroissement ne peut, ni blesser l'égalité, ni donner d'ombrage à la fierté, c'est, sans contredit, celle des productions du génie ; et si quelque chose doit étonner, c'est qu'il ait fallu reconnaître cette propriété, assurer son libre exercice par une loi positive » (Boncompain, 2001 : 417).

Sur les ruines des corporations, la figure de l'éditeur prendra force dans la deuxième moitié du XIXᵉ siècle. L'émergence des deux partenaires d'un couple que l'on voudrait croire immémorial, l'auteur et l'éditeur, n'a pas été tout à fait simultanée.

Le libraire prospère dans une société d'ordre dont il tire protection de son commerce par le privilège que lui accorde le souverain, tandis que l'auteur, par des dédicaces, attend subsides et protection de son mécène. Le libraire publie au coup par coup, selon ses élans de cœur ou ses pressantes espérances de gains. Ainsi, vivant d'expédients, Diderot publie, en 1743, les trois volumes de sa traduction de l'*Histoire de Grèce* de l'Anglais Temple Stanyan. Il s'agissait d'une commande ponctuelle du libraire Briasson qui, pour autant, ne bâtissait pas un vrai catalogue. Il en va de même pour la proposition que lui fait, en 1767, le libraire Le Breton, associé à trois autres, dont Briasson, de traduire de l'anglais, en cinq volumes, la *Cyclopaedia or an Universal Dictionnary of Arts and Sciences*, publiée par Chambers en 1728. Diderot et d'Alembert substituent, comme ils s'en expliquent dans le *Prospectus*, à la simple adaptation d'une somme de savoir livresque un tableau raisonné des connaissances selon la mémoire, la raison et l'imagination (l'autre nouveauté étant la part faite aux arts mécaniques et à leur observation dans des volumes de planches). À l'origine de l'entreprise titanesque (dix-sept volumes alphabétiques entre 1750 et 1765), il y a non pas une politique de catalogue, mais une opportunité alléchante proposée à Le Breton : publier une traduction de Chambers subventionnée par quelque riche Anglais. L'affaire était trop belle et se révéla une escroquerie. L'*Encyclopédie* est née de ce que Le Breton avait déjà lancé le prospectus et la souscription. De ses employeurs, Diderot, reconnaissant, pourra écrire dans sa *Lettre sur le commerce de la librairie* qu'ils sont « imprimeurs de profession, mais gens d'une littérature profonde ».

Moins d'un siècle plus tard, Charles Baudelaire négocie avec Hetzel, éditeur au sens contemporain, qui, en décembre 1862, lui fait « une fort belle proposition pour deux ouvrages, se faisant pendant réciproquement. Il voulait les *lancer* avec soin » (Baudelaire, 2006 : 72).

Les dictionnaires de la langue française marquent à leur tour l'évolution. En 1743, le *Dictionnaire de Trévoux* définit l'éditeur comme « Auteur, homme d'étude qui a soin de l'édition de l'ouvrage d'un autre, & pour l'ordinaire d'un Auteur ancien ; car l'*Éditeur* ne se dit ni des ouvriers imprimeurs, ni d'un Auteur qui imprime ses propres ouvrages ». En 1870, pour le *Larousse du XIX<sup>e</sup>*, est éditeur « celui qui se charge d'éditer des ouvrages, à des conditions convenues avec les auteurs [...]. Lettré qui publie l'ouvrage d'un autre, qui en revoit le texte, et souvent l'accompagne de notes » (Durand et Glinoer, 2005 : 13).

La configuration a changé, l'éditeur, architecte d'un catalogue cohérent, va de plus ou moins loin suivre la structuration des sciences humaines en savoirs particuliers et spécialiser son catalogue dans des genres et disciplines choisis. Les historiens de l'édition notent l'accélération des créations de grands catalogues généralistes ou liés à l'instruction obligatoire, telle la Librairie Hachette ; puis l'ampleur, passé le mitan du siècle, que prend la création de maisons spécialisées dans des domaines spécifiques du savoir, tels les sciences, le droit ou l'astronomie : Dalloz en 1824, Hachette en 1826, Garnier en 1833, Lévy en 1836, Masson en 1837, Klincksieck en 1842, Beauchesne en 1851, Larousse en 1852, Fayard en 1855, Dunod en 1858, Delagrave en 1864, Picard en 1869, Colin en 1870, Vuibert en 1876, Flammarion en 1878, Hatier en 1880, Nathan en 1881 (Martin, 1990 : 174-244).

Les éditeurs qui gardent le titre de « Librairies » – Fayard ou Plon – affichent par là leur refus de la parcellisation naissante du savoir, perpétuant une culture humaniste et généraliste de l'homme de lettres, historien à ses heures. Leurs catalogues se caractérisent par le refus d'une histoire qui serait le fruit des seuls historiens de la Sorbonne, à laquelle est préférée l'histoire nostalgique et un brin littéraire née des plumes de ducs émigrés de l'intérieur, d'académiciens de l'Action française ou d'officiers coloniaux – les seuls à pouvoir tirer gloire de leurs victoires. Cette politique éditoriale voudra que certaines de ces « Librairies » soient, à un moment fondateur de la vie intellectuelle en France, violemment anti-dreyfusardes.

## 15

*Quel est, pour l'éditeur, le legs de l'ère de la commercialisation telle que vous venez de la définir ?*

La commercialisation, sur ses fonts baptismaux, a vu se pencher deux figures tutélaires : Emmanuel Kant et Denis Diderot. Tous deux partagent les grandes prémisses des Lumières.

Diderot avertissait les lecteurs de l'*Encyclopédie* que « l'homme est le terme unique d'où il faut partir et auquel il faut tout ramener ». Kant, pour sa part, répondait à la question *Qu'est-ce que les lumières ?* par une démonstration dont une phrase est devenue un pont aux ânes des bacheliers : « *Les lumières se définissent comme la sortie de l'homme hors de l'état de minorité,* où il se maintient par sa propre faute. La minorité est l'incapacité de se servir de son entendement sans être dirigé par un autre. Aie le courage de te servir de ton *propre* entendement ! Voilà la devise des lumières. » La suite, rarement rappelée, est essentielle : « L'usage *public* de notre raison doit toujours être libre, et lui seul peut répandre les lumières parmi les hommes [...] or j'entends par usage public de notre propre raison celui que l'on fait comme *savant* devant un public qui *lit* » (Kant, 1985 : 209, 211). De cette définition découle la prise de position nette de Kant dans sa *Métaphysique des mœurs*, au titre de la « Doctrine universelle du droit » : à la question « Qu'est-ce qu'un livre ? », il répond en distinguant : « Celui qui *parle* au public en son propre nom s'appelle l'*auteur*. Celui qui à travers un écrit parle publiquement au nom d'un autre (de l'auteur) est *l'éditeur.* Celui-ci, s'il le fait avec la permission de celui-là, est l'éditeur légitime, mais s'il le fait sans cette permission, c'est un éditeur illégitime c'est-à-dire un *contrefacteur* » (Kant, 1986 : 551, 552). Et Kant de distinguer entre le livre matériel qui peut être imité par celui qui en a un exemplaire, ce qui est « un *droit réel* » et le livre immatériel « simple discours de l'éditeur au public » aux conditions convenues avec l'auteur mais que le public « n'a pas la permission de reproduire publiquement sans en avoir reçu mandat par l'auteur, ce qui constitue un *droit personnel*, et l'erreur consiste alors à confondre les deux ». Voilà le droit d'auteur, essentiel à la libre diffusion des Lumières, fondé en droit, à l'heure où les sociétés d'ordres et de privilèges vont basculer en sociétés de statut et du contrat.

De la contrefaçon, il est essentiellement question dans la *Lettre* qu'écrit Diderot en 1763 à l'initiative de la compagnie des libraires parisiens à l'attention du magistrat Sartine. L'objet du litige n'est pas le droit de l'auteur sur son œuvre, mais la violation par des contrefaçons en province et surtout à l'étranger, sous la forme d'éditions moins chères et médiocres, des ouvrages que les libraires parisiens avaient obtenu le privilège, c'est-à-dire l'exclusivité, d'éditer. Encore ce privilège ne peut-il se fonder que sur la propriété dont dispose l'auteur seul sur son œuvre, à commencer par le droit de la céder à un libraire : « Quel est le bien qui puisse appartenir à un homme, si un ouvrage de l'esprit, le fruit unique de son éducation, de ses études, de ses veilles, de son temps, de ses recherches, de ses observations ; si les plus belles heures, les plus beaux moments de sa vie ; si ses propres pensées, les sentiments de son cœur, la portion de lui-même la plus précieuse, celle qui ne périt point, celle qui l'immortalise, ne lui appartient pas ? [...] Qui est plus en droit que l'auteur de disposer de sa chose par don ou par vente ? » (Diderot, 1995 : 78).

On devine, à l'intitulé de la lettre dont les libraires n'oseront communiquer, du fait de son enthousiasme fort peu cérémonieux, qu'une partie à Sartine, nouveau directeur de la librairie, que c'est tout le commerce du livre qui est ici en jeu : *Lettre historique et politique adressée à un magistrat sur le commerce de la librairie, son état ancien et actuel, ses règlements, ses privilèges, les permissions tacites, les censeurs, les colporteurs, le passage des ponts et autres objets relatifs à la police littéraire.* Deux points sont à retenir. Diderot, qui se déclarera bientôt partisan de la libre circulation intérieure des blés dans son *Apologie de l'Abbé Galiani*, se montre, en revanche, farouche défenseur des entraves à la liberté absolue du commerce du livre qu'est, pour reprendre les termes de Kant, le droit personnel du libraire (bientôt de l'auteur) sur les œuvres. Il défend le commerce du livre en insistant sur le fait qu'il ne s'agit pas d'une marchandise comme une autre : « Une bévue que je vois commettre sans cesse à ceux qui se laissent mener par des maximes générales, c'est d'appliquer les principes d'une manufacture d'étoffe à l'édition d'un livre. Ils raisonnent comme si le libraire pouvait ne fabriquer qu'à proportion de son débit et qu'il n'eût de risques à courir que la bizarrerie du goût et le caprice de la mode. Ils oublient ou ignorent ce qui pourrait bien être au moins, qu'il serait impossible de débiter un ouvrage à un prix raisonnable sans le tirer à un certain nombre. Ce qui reste d'une étoffe surannée dans les magasins de soierie a quelque valeur. Ce qui reste d'un mauvais ouvrage dans un magasin de librairie n'en a nulle. Ajoutez que, de compte fait, sur dix entreprises, il y en a une, et c'est beaucoup qui réussit, quatre dont on recouvre ses frais à la longue, et cinq où l'on reste en perte » (Diderot, 1995 : 85).

À cette spécificité commerciale du bien culturel s'ajoute, pointe Diderot pour les libraires, la nécessité de s'engager dans une vraie politique éditoriale, cohérente, équilibrée et sur le long terme. Cela s'appelle établir un catalogue ou, dit en termes économiques, pratiquer « la péréquation » : « Un fonds de librairie est donc la possession d'un nombre plus ou moins considérable de livres propres à différents états de la société, et assorti de manière que la vente sûre mais lente des uns, compensée avec avantage par la vente aussi sûre mais plus rapide des autres, favorise l'accroissement de la première possession » (Diderot, 1995 : 61).

À la même époque, les Lumières écossaises appliquent de manière bien comptée ces principes. Les Lumières écossaises sont essentielles à l'histoire du libéralisme dans sa forme contemporaine. En effet, elles ont théorisé l'univers social comme étant régi par la préférence que chacun s'accorde à lui-même, par l'intérêt qui l'anime à entretenir les relations avec autrui, voire l'utilité qu'il représente pour tous (Laval, 2007 : 213-234). Trois figures dominent ces Lumières : David Hume, pour lequel « chacun doit être considéré comme un fripon et n'avoir d'autre fin dans toutes ses actions que son propre intérêt » ; Adam Ferguson, qui soutient que « l'homme est jusqu'à un certain point l'artisan de ses façons d'être aussi bien que de sa fortune » ; Adam Smith, enfin, qui élimine des activités économiques et sociales tout point de vue normatif ou transcendant, moral, juridique ou religieux. Les activités économiques sont désormais régies par l'intérêt, capacité à satisfaire ses besoins et ses désirs, et les activités sociales par la sympathie, capacité à entrer en relation avec autrui en partageant ses sentiments.

Or ces trois auteurs sont intéressés à ce que leur nouveau point de vue s'instille dans tous les rangs de la société. Ils vont donc choisir pour éditeurs des libraires d'Édimbourg motivés par le gain autant que par la sympathie pour ces idées nouvelles et leur diffusion. Ces libraires passeront des alliances avec des confrères londoniens, puis de Londres lanceront des ponts vers Philadelphie sitôt assise la jeune République américaine. David Hume, pour sa part, inaugure plus avant. En 1748, après Francis Bacon, John Locke ou Anthony Shaftesbury, il recourt à l'essai, en développant sous le titre d'*Essais philosophiques sur l'entendement humain* les conclusions de son *Traité de la nature humaine*. L'écho de ce docte traité en 1739-1740 lui a paru faible, il dit préférer désormais le genre mixte de l'essai, à égale distance de la sphère du savoir, systématique et dogmatique, et du monde de la conversation, où règnent « la liberté et la facilité de pensée et d'expression ». Ses *Essais* sont donc des « compositions d'un style et d'une manière faciles qui n'enlèvent pas trop de vie et ne réclament pas, pour être comprises, de profonde application ni de profonde retraite » (Hume, 2000 : 167-172). Changement de genre et de registre, assurément, mais qu'accompagne la diversification des éditions : il multiplie, en divers formats et à des prix accessibles pour différents budgets, les éditions de son *Histoire de l'Angleterre*, de ses *Essais et Traités sur différents sujets*. En sorte que Hume, au lieu d'être, dans les élites, un nom propre porteur de propositions simplifiées et rapportées dans la sphère de la conversation mondaine, fut, pour ses contemporains, l'auteur d'une œuvre vivante, dont les atours, formats et typographies variaient selon les publics qu'elle voulait atteindre directement (Sheer, 2006 : 45-58).

# 16

*En quoi la marchandisation se distingue-t-elle de la commercialisation sur un plan général ?*

La marchandisation se démarque de la commercialisation sur plusieurs points qui apparaissent dès une première approche, même grossière, du phénomène dans ses manifestations immédiates. La rupture se marque d'abord dans le rapport à la valeur. Dans le cycle de la commercialisation, le livre a une valeur d'échange à l'achat, mais garde, du fait de son originalité conçue en amont du marché, une valeur d'usage en excès sur son prix marchand. Le prix marchand est défini par les coûts matériels de la production, le profit de l'éditeur, la rémunération de l'auteur et des intermédiaires de la chaîne marchande. La valeur d'usage, c'est ce qu'apporte au lecteur sa découverte du livre, ce coup d'éclair qui tamise son existence d'une lumière nouvelle ou simplement lui procure ce moment de divertissement, cet ailleurs spatial et temporel tous deux nécessaires à la mise à distance de son univers quotidien, et par là à la reproduction de ses forces. Cette valeur d'usage est incommensurable puisqu'elle est le fruit de la rencontre de hasard entre un auteur et un lecteur, entre une parole singulière au point de se démultiplier en autant de rencontres peut-être équivalentes mais jamais semblables, et des individus dont la lecture, manifestation, dans leurs goûts et leurs choix, de leur part la plus intime, est l'expression même de leur irréductible singularité. Singularité est à prendre au sens que Gilles Deleuze donne à ce terme : ce n'est pas l'identité, mais la différence de ce qui est différent, non plus par rapport à une autre chose qui pourrait entrer dans les termes d'une comparaison possible, mais différent en soi-même. C'est, pour reprendre la sagesse de certaines cartes postales que l'on voit collées sur les murs des bureaux, l'évidence que « la valeur n'a pas de prix ».

La marchandisation, c'est, par l'aval du marché, la captation de l'amont de la conception, de l'idée, de l'écriture du livre, c'est le rabattement de sa valeur d'usage sur sa valeur d'échange. C'est le formatage du produit pour le grand échange marchand, c'est l'équarrissage de l'imaginaire au profit des valeurs de l'échange marchand universel. Comment pourrait-il en être autrement, puisque rien n'assure que la lecture ni l'écriture ne soient pas à leur tour englobées dans les nouvelles formes de « pathologies sociales » ? La réification observable de nos jours dans les sociétés de marché globalisé mine la reconnaissance de chacun dans sa triple dimension qui le fait homme, c'est-à-dire individu digne d'affection (la confiance en soi), membre d'une communauté d'égaux en droits (le respect de soi), sujet enfin participant pleinement à la vie commune (l'estime de soi). Par ce travail de sape, tous sont désormais soumis à l'obligation, dans nos « sociétés du mépris », de s'« autoréifier », c'est-à-dire de ramener ce qu'il éprouve psychiquement à l'état d'objets à observer ou à produire de manière normée. Ainsi se développe l'uniformisation marchande des individus, du seul fait de ces pratiques institutionnalisées de présentation de soi, dont le spectre va des entretiens d'embauche à la recherche d'un partenaire amoureux sur Internet (Honneth, 2007 : 107-123). Il s'agit, ici aussi, de transformer en utilités équivalentes, donc échangeables, ses goûts, ses envies, ses rêves, son intimité. Déjà certaines formes d'autofiction ou de fiction (on songe, mais pas uniquement, aux récits de Michel Houellebecq) participent de cette réification, sous le prétexte parfois plaisant de la dénoncer.

## 17

*Halte-là, le sujet est grave et mérite que l'on procède par ordre. D'abord, quelle fut la marque de la commercialisation sur la littérature ?*

Il est particulièrement éclairant de comparer terme à terme la commercialisation et la marchandisation, à partir de deux exemples précis d'hier à aujourd'hui : la querelle du roman-feuilleton au XIX^e siècle et la querelle du livre de poche en 1964-1965.

Commençons, si vous le voulez bien, par la querelle du roman-feuilleton. À la fois parlementaire et littéraire, elle surgit dans un contexte particulier, qui mérite, toute proportion et différence d'avec aujourd'hui gardées, qu'on y entende des échos de nos préoccupations.

Le contexte est donc celui de l'irruption démocratique, du surgissement de la masse souveraine dans la vie politique – le peuple entame sa quête, par nature inachevée, de sujet de la Politique grâce au principe du suffrage universel, en l'occurrence une universalité empêchée parce que cantonnée aux seuls hommes. Le peuple est un sujet rendu difficilement politique tant il est craint, redouté, écrasé : la répression de la Commune de Paris, lors de la Semaine sanglante, fut, si l'on rapporte le nombre de 20 000 victimes au nombre de jours que dura la répression, un des pires actes de sauvagerie en Europe dans ce siècle.

Le peuple est, par ailleurs, tout au long du siècle un sujet historique, par son cycle de révolutions, d'insurrections ou de journées. Très tôt, il devient un sujet littéraire : sublime, avec ce que cela suppose d'effroi, dans l'*Histoire de la Révolution française* de Jules Michelet ; sublimé dans *Les Misérables* de Victor Hugo ; écrasé, plus encore que par la troupe, par la morgue envers les classes nombreuses et dangereuses dont témoigne la plume féroce de drôlerie d'un Gustave Flaubert.

La massification n'est pas seulement une donnée nouvelle des intrigues, elle advient dans un contexte marqué par l'irruption de la vitesse : le chemin de fer apporte bientôt dans la France rurale en temps presque réel les nouvelles de la ville, il accélère la circulation de la marchandise, il désenclave les régions productrices en les intégrant dans le marché national, voire en leur ouvrant accès au marché international. C'est l'acmé de la première mondialisation. Vitesse et massification portent le développement d'une alphabétisation sur une grande échelle.

Saisissant la portée de ces bouleversements, le publiciste Émile de Girardin lance, en 1836, un journal à un franc, *La Presse*, d'obédience conservatrice. Le prix de l'abonnement (quarante francs annuels) est en quelque sorte cassé grâce à la réduction spectaculaire des coûts de revient qu'explique l'irruption de la réclame dans le journal. Toute la bataille entre les journaux qui bientôt imitent *La Presse* aura pour enjeu de convaincre les annonceurs qu'ils rencontreront, par cette diffusion élargie de la presse, le plus large écho.

Jusqu'ici, rien qui soit différent en nature, sinon en échelle, d'avec la logique télévisuelle et communicationnelle contemporaine : révolution de la vitesse de circulation de l'information et de la marchandise, massification des publics, accès à la consommation de biens produits pour un échange autre que celui du marché local. Pour élargir et stabiliser leur lectorat, les journaux,

*La Presse* et son grand rival *Le Siècle* dirigé par Armand Dutacq, transforment le bas de leur une, leur « rez-de-chaussée ». Réservé au feuilleton de la vie théâtrale, il s'ouvre à la publication d'extraits de romans de grands écrivains : Balzac, Flaubert, Sand livreront des pages, souvent des chapitres d'œuvres en cours d'écriture. Le feuilleton-roman, comme on dit alors, répond à la double nécessité d'augmenter les tirages grâce à ces publications, longuement annoncées par voie de publicité et d'affiches, pour conforter la présence des annonceurs dans les colonnes de ces journaux et, par ailleurs, de créer les conditions maximales d'une parfaite commercialisation des romans qui paraissent souvent dans la foulée des feuilletons. Honoré de Balzac, romancier de génie mais auteur soucieux tout autant de journalisme, d'imprimerie et d'édition, illustre au mieux les concessions que la commercialisation pouvait générer et les compromissions que la littérature, pour demeurer elle-même, devait refuser.

Les compromis s'inscrivent dans le cadre général des débats que suscite l'apparition d'une presse destinée aux milieux populaires, en rupture avec l'encadrement intellectuel et moral des élites qui prévalait jusqu'alors (on sait combien Michelet et d'autres ont décrit la lutte que l'Église menait pour maintenir son influence sur la Femme qui, faute de pouvoir voter, n'était pas encore un sujet politique). Ces mêmes élites n'ont de cesse de stigmatiser le feuilleton : à suivre les interventions à l'Assemblée nationale du député Chapuys-Montlaville, entre 1843 et 1847, le danger est politique (le peuple est gavé d'une orgie de passions et non pas éduqué à la raison), idéologique (c'est l'avilissement moral par le tableau clinique du crime, de la folie, et non pas la description du travail récompensé), esthétique enfin (c'est la volonté d'imposer le roman comme genre majeur aux dépens de la tragédie et de la poésie) (Dumasy, 1999).

*La Presse* annonce à ses lecteurs, le 28 septembre 1844, la prochaine publication d'un nouveau chef-d'œuvre de Balzac, *Les Paysans*, « un vaste drame d'une haute importance sociale. Ce n'est rien moins que le tableau des luttes entre le riche et le pauvre, entre l'habit et la blouse ». *La Gazette de France*, légitimiste, se fait l'écho de l'affirmation de Balzac qu'il entend « aller au fond des campagnes étudier la conspiration permanente de ceux qui se croient forts, du paysan contre les riches ». Dénonçant elle aussi le

« phénomène du roman-feuilleton devenu politique et social », *La Gazette* tire de l'identité politique du journal *La Presse* la conclusion que *Les Paysans*, « pensée de despotisme et d'arbitraire », est « une cloche d'alarme sonnée à l'aspect des classes populaires ». Piqué au vif, Balzac répond en se plaçant d'emblée sur le terrain des contraintes de la commercialisation : « Vous me prêtez une solidarité tout à fait impossible avec les opinions des journaux dans le feuilleton desquels mes ouvrages sont publiés. Certes il faudrait une bien grande élasticité dans la conscience pour appartenir au *Débat*, au *Messager*, au *Siècle*, à *La Presse*, au *Commerce*, etc. Il est reconnu, Monsieur, que le feuilleton est un terrain neutre, et tous les journaux se réservent d'y retrancher ce qui blesserait leur doctrine » (Balzac, 1978 : 1242-1246).

La chose devient pour nous plus intéressante encore quelques semaines plus tard. Paraissent les premières livraisons des *Paysans*. À en croire les souvenirs de Théophile Gauthier, très vite des lecteurs se plaignent et menacent de se désabonner. Alexandre Dujarier, gérant du journal, avec la franchise brutale de qui mesure quotidiennement le niveau de satisfaction des lecteurs, prend sa plume le 6 décembre et informe Balzac : « *Les Paysans* vont très bien. Ils iraient mieux encore si vous vouliez faire le sacrifice de quelques descriptions. On les trouve généralement trop longues pour le feuilleton ; ne pourriez-vous pas les rogner un peu, s'il en reste encore, sauf à les rétablir dans l'édition de librairie ? Croyez-moi ; ce serait dans l'intérêt de votre succès auquel je m'intéresse, vous le savez, autant que vous-même » (Balzac, 1966 : 752). Or, deux ans auparavant, Balzac a entrepris la grande édition de ses Œuvres complètes, chez Fume. Il leur a donné le titre de *La Comédie humaine* et a précisé dans son Avant-propos rédigé à cette occasion que, décrivant les « Espèces Sociales comme il y a des Espèces Zoologiques », le romancier doit se faire – notez l'ordre – « le peintre plus ou moins fidèle, plus ou moins heureux, patient ou courageux, des types humains, le conteur des drames de la vie intime, l'archéologue du mobilier social, le nomenclateur des professions, l'enregistreur du bien et du mal ». La fonction du roman est de « surprendre le sens caché dans cet immense assemblage de figures, de passions et d'événements ». Au centre de l'œuvre, il y a donc « les hommes, les femmes et les choses, c'est-à-dire les personnes et la représentation matérielle qu'ils donnent de leur pensée » (Balzac, 1976 : 7-20). Dans ces conditions, les descriptions des choses et des lieux sont essentielles, puisqu'elles ouvrent sur l'âme de leurs propriétaires et de leurs occupants. Autant Balzac acceptait pour la commercialisation de ses romans le compromis qu'était la suppression des formulations considérées comme déplacées par les journaux au regard de la doctrine politique qu'ils défendaient ; autant il juge inadmissible la suppression des descriptions, véritable amputation du projet de connaissance de « l'homme et la vie » par la littérature. La commercialisation par le journal doit céder devant les impératifs de l'écriture et de l'intrigue. Balzac suspend en conséquence la livraison de ses feuilletons.

Les exigences de la commercialisation poussent bientôt à inverser la hiérarchie : les journaux cessent d'être demandeurs auprès des grands écrivains, ils inventent leur propre genre littéraire, à eux seuls destiné, écrit à leur mesure – littéraire comme arithmétique, en occupation d'espace grâce à un nombre de signes calibré – par des écrivains que la presse couve elle-même. Désormais les médias de l'époque ont leurs propres écrivains, dont la frêle légitimité leur viendra, au fil des ans, de leur immense notoriété. Le feuilleton-roman le cède au roman-feuilleton, la prépublication de « bonnes feuilles » ou de larges extraits s'efface devant la publication de textes spécifiques et suivis dans une narration qui se poursuit d'un numéro à l'autre. Triomphent alors des auteurs qui font la preuve de la maîtrise du genre, de ses règles, de sa toise et de ses ressorts. Ainsi, Ponson du Terrail rédige chaque jour quatre feuilletons conjointement, pour quatre journaux différents auxquels le feuilletoniste a réservé chez lui une des quatre tables de travail disposées en carré. Veut-il, lui ou d'autres feuilletonistes, obtenir une augmentation de sa pige que s'obstine à lui refuser le directeur d'un des journaux, il lui suffit alors de faire mourir son héros au grand dam des lecteurs qui s'inquiètent immédiatement, protestent ensuite et cessent d'acheter le journal pour finir. Ainsi très vite, la direction du journal revient sur son refus. La rédaction des romans-feuilletons, comme la reprise des feuilletons après la mise à mort du héros, qui n'était qu'un chantage exercé sur le directeur du journal, ne va jamais sans une certaine dérision. Cette mise à distance des invraisemblances requises par la narration fragmentée contrebalance les contraintes du genre. Il faut, en effet, tronçonner les épisodes, établir entre chacun un lien nécessairement ténu : le journal les relie les uns aux autres dans l'espace par la même disposition chaque jour, mais dans le temps, c'est une tout autre affaire. Rien ne peut faire l'objet de développements liés à une logique de situation, car ce serait manger de l'espace aux dépens de l'absolue priorité donnée à un nouveau rebondissement annonciateur du mot magique : « À suivre! ». Ponson du Terrail, feuilletoniste de génie qui finira par être pour ses contemporains l'incarnation du genre, trouva un jour à toutes ces contraintes la solution, grandiose : « On s'étonnera peut-être que notre héros, transpercé au cœur de plusieurs coups de lance et, pour comble, pendu, dans un de nos épisodes précédents, au gibet de Montfaucon, où il est resté pendant trois jours, se retrouve si bien vivant et si bien portant dans celui-ci. Mystère! »

## 18

*Éclairons mieux encore notre présent et comparons : quel rapport la commercialisation établit-elle entre le roman-feuilleton et le grand roman ?*

Les thèmes récurrents du feuilleton (viol, crime, cadavre exhibé, sang versé en abondance, amour jusqu'à la folie, déchéance, rebondissement, mystère factice, voire rédemption sociale mais en veillant alors à éviter la mésalliance qui est source d'adultère, donc de recommencement car l'amour de l'amant conduit de nouveau jusqu'à la folie, et pour finir au crime) sont en petit nombre. Ajoutez-y le degré zéro de l'inventivité des intrigues et vous aurez une idée de l'ire des écrivains que tourmente des jours entiers le choix de l'adjectif le plus adéquat avant que de reprendre la finition d'une phrase. La seule table des matières, par exemple, de *La Traite des blanches* de Xavier de Montépin, raconte déjà l'histoire, sans même une phrase : « Amour vraie. Folie furieuse. L'entente des démons. Départ. Un bon maître. Un coup de crosse. L'entrevue. Adieu. Agonie. Pauvre Norine! »

Tolain, grande figure du socialisme, en 1865, dénonce dans *La Tribune ouvrière* le genre feuilleton, « fruit sec de l'art, manœuvre littéraire, écumeur de mémoire, bohême de tripot, empoisonneur public » (Bellet, 1967 : 209). Il s'inscrivait, bon an mal an, dans le même registre moral que, dans le camp d'en face, Gobineau qui, en 1841, voyait dans le feuilleton « en quelque sorte, à ce moment de notre existence sociale, le rôle d'un abécédaire perfectionné et orné d'images en taille-douce ».

Le fond de l'affaire est la nature de la littérature. Émile Gaboriau connaît, en 1864, un succès immédiat avec son roman-feuilleton *L'Affaire Lerouge*, démarcation d'un fait divers réel, mais embellissement par la seule vertu imaginative des impro-bables rebondissements de l'enquête. Dans la réalité, la veuve Lerouge a bien été assassinée et dans le feuilleton, le héros Tirau-clair est le portrait grandeur nature d'un inspecteur de la Sûreté, aisément identifiable par les contemporains, un certain Tabaret. Que conclut Gaboriau de son succès – succès réel, mesuré à l'aug-mentation du tirage du journal ? « Il est constant, pour moi que, fond et forme, je ne ferai jamais mieux. Dès lors, pourquoi chan-ger *la symétrie de ma vague* ? [...] Eh ! parbleu ! je changerai le titre du roman, le nom du théâtre, celui des acteurs. Là où se passait un meurtre, il y aura un attentat aux mœurs. Là où l'on tue une femme, on découpera une femme en morceaux, ou bien on enlèvera un enfant, ou bien on crèvera les yeux à un vieillard » (Bellet, 1967 : 201). La part de littérature tient donc pour l'essen-tiel aux nœuds que l'auteur noue sur la trame du fait divers réel. « Un amour adultère, méprisé, la conviction que M^{me} Michoud n'était point étrangère à ses humiliations et aux obstacles qui lui fermaient la carrière à laquelle il avait osé aspirer, la soif de vengeance, telles furent les causes de cette haine furieuse, de ce désespoir forcené, manifestés par l'assassinat, le sacrilège, le sui-cide. » Gaboriau, toujours ? Non, *La Gazette des tribunaux* de la fin décembre 1827. C'est le compte rendu du procès d'Antoine Berthet à la cour d'assises de l'Isère. Gaboriau aurait pu, n'était l'époque, écrire avec succès *Le Crime de Morestel* comme il écri-vit *Le Crime d'Orcival*. Mais ce procès avait déjà donné lieu à un roman de quelque postérité, *Le Rouge et le Noir* (Stendhal, 2000 : 714). Dans un cas, la réalité criminelle et judiciaire est bellement maquillée pour entretenir le suspens de la résolution chaotique d'une énigme, mais figée à jamais dans l'époque et le temps de sa conception et de sa réalisation. Dans l'autre, il est le premier coup de pelle des fondations d'un roman qui sera toujours un classique pour des générations à venir du fait des dimensions inouïes, atemporelles comme utopiques, d'une passion amoureuse contrariée. Flaubert tonne contre « les crétins » du feuilleton ; Lemaître campe Ohnet en écrivain « pour les illettrés qui aspirent à la littérature » ; enfin Émile Zola, préfaçant la réédition des *Mystères de Marseille* – ce feuilleton d'une « médiocrité irréparable » inventé à partir de « tout un ensemble de documents vrais » mais pour lequel il a « gardé une gratitude » de « lui avoir donné du pain à un des moments les plus désespérés » –, demande « qu'il fasse songer au lecteur quelle somme de volonté et de travail il m'a fallu dépenser pour m'élever de cette basse production à l'effort littéraire de Rougon-Macquart » (Zola, 2002 : 117-118). Tous néanmoins expriment leur inquiétude de se distinguer des feuilletonistes au sein de la communauté d'appartenance, grande ou petite, qu'est la Littérature.

Une appartenance qui s'exprime tout au long de ce grand siècle de la commercialisation. Lorsqu'en novembre 1855, Michel Lévy ébranle le marché en lançant, sous couverture verte, les volumes, à 1 franc, de la « Collection Michel Lévy », Ponson du Terrail voisine avec Flaubert (*Madame Bovary*), Eugène Sue avec George Sand, Nerval avec Souvestre (Mollier, 1988 : 365-367).

Cette commune appartenance est aussi traduite par les préoccupations de chacun de trouver ses propres lecteurs. En 1832, Stendhal rédige un projet d'article sur *Le Rouge et le Noir*. Il précise : « Dans les folies des héros de roman vulgaire, il n'y a de bonne que la première parce qu'elle étonne. Toutes les autres sont comme les originalités des sots dans la vie réelle : on s'y attend, partant elles ne valent rien, elles sont plates. Le genre plat est le grand écueil du roman in-12, écrit pour les femmes de chambre. Mais le grand bonheur des écrivains de ce genre de roman, c'est que ce qui semble *plat* dans les salons de Paris est *intéressant* pour la petite ville de huit mille habitants au pied des Alpes ou des Pyrénées et encore plus pour l'Amérique et l'étranger où vont fuir des milliers de volumes de romans français » (Stendhal, 2000 : 731). Stendhal a tout dit : la hiérarchie des genres au sein de l'espèce Littérature, les stratégies de distinction des auteurs qui redoutent que leur succès ne se confonde avec celui, qu'ils jalousent, des auteurs de basse littérature.

*La Petite Presse*, de son côté, le 8 novembre 1866, se félicitait non pas que, grâce à l'alphabétisation poussée, de nouveaux lecteurs ouvrent leur horizon d'existence aux promesses de la littérature à travers le roman-feuilleton, mais plutôt que grâce à « notre Providence, Ponson du Terrail, et à Rocambole, son prophète », l'argent soit rentré très vite dans les caisses : « Sans lui, sans Rocambole, le héros favori de plus d'un million de lecteurs, *La Petite Presse* aurait peut-être longtemps labouré le champ de la publicité avant d'en faire surgir la moisson » (Ponson du Terrail, 1992 : 2, 773). En écho, ouvrons le *Journal* des Goncourt, de retour, le 12 février 1871, d'une visite à leur ami « Théo » Gautier, réfugié dans un galetas d'ouvrier : « Je songeais à l'injustice de la rémunération dans l'art. Je pensais au somptueux et abominable mobilier de Ponson du Terrail, que j'avais vu déménager ce matin de la rue Vivienne, par suite du décès de ce gagneur de 70 000 francs par an » (Goncourt, 1989 : 2, 390).

Ce qui effrayait le monde littéraire, c'était l'irruption de l'argent dans la littérature, au profit du talent médiocre, tirant succès, donc gloire, de s'adresser à Monsieur Homais, à Bouvard et Pécuchet, à l'illustre Gaudissart ; en d'autres termes, c'était la lutte du Génie littéraire contre « l'homme moyen » et ses goûts et passions. L'homme moyen était, à la même époque, une création statistique qu'imagina Adolphe Quételet, en quête d'une régularité des phénomènes sociaux homologue à celle qu'astronome, il observait dans les planètes. L'homme moyen d'une population présente, selon Quételet, des caractéristiques physiologiques dont chacune est égale à la moyenne des caractéristiques physiologiques des autres membres d'une population. La littérature pouvait d'autant plus se mettre au diapason de l'homme moyen que se présentaient nombre d'impétrants écrivains qui étaient eux-mêmes des « hommes moyens », sortis tels des escargots après la pluie et qu'attirait la manne mercantile de la presse à bon marché. En quoi ils entraient en concurrence dans la carrière journalistique avec les plus grands écrivains qui, de Balzac à Sand, de Nerval à Mirbeau, de Gauthier à d'Aurevilly, prêtaient à cette époque aisément leur plume et leur talent au média naissant, voire y inventaient le poème en prose (Thérenty, 2007 : 15-20).

# 19

*Peut-on déjà, par comparaison, mesurer les effets de la marchandisation sur la littérature contemporaine et la politique éditoriale de l'éditeur?*

La réclame, notait Sainte-Beuve, en baissant le prix des journaux et contribuant ainsi à l'augmentation de leur tirage comme de leur nombre, a multiplié d'autant les possibilités de publier la littérature industrielle. De celle-ci, il écrit : « Ce qui la caractérise, c'est [...] de se mêler avec une passion effrénée de la gloire ou plutôt de la célébrité, de s'amalgamer intimement avec l'orgueil littéraire [...] ; c'est de se rencontrer là où on la supposerait et où on l'excuse le moins, dans les branches les plus fleuries de l'imagination, dans celles qui semblaient tenir aux parties les plus délicates et les plus fines du talent. » En cela, elle brouille les distinctions morales : « Maintenant, quand on lit dans un grand journal l'éloge d'un livre, et quand le nom du critique n'offre pas une garantie absolue, on n'est jamais très sûr que le libraire ou même l'auteur (si par grand hasard l'auteur est riche) n'y trempe pas un peu » (Sainte-Beuve, 1992 : 201-209). Une ultime remarque de Sainte-Beuve, dont la marchandisation actuelle souligne rétrospectivement l'importance, veut que les petits maîtres de la littérature industrielle aient poussé dans l'espace laissé vide par les grands écrivains : « Jamais on n'a mieux senti, au sein de la littérature usuelle et de la critique active, le manque de tant d'écrivains spirituels, instruits, consciencieux, [...] qui, au moment de la révolution de Juillet, en passant brusquement à la politique, ont fait véritablement défection à la littérature. Quelques hauts services que puissent avoir rendus à leur cause les anciens écrivains [...] devenus députés, conseillers d'État et ministres, je suis persuadé que quelques-uns d'entre eux se représentent dans un regret tacite les autres services croissants qu'ils auraient pu rendre, avec non moins d'éclat, à une cause qui est celle de la société aussi [...] » (Sainte-Beuve, 1992 : 204-205). Sainte-Beuve s'effrayait de la multiplication des écrivains industriels, à tout le moins industrieux, tâcherons du tirage à la ligne de méchants romans aux antipodes des efforts exigés par la grande littérature, à la suite de l'appel d'air que créent la Révolution de 1830 et l'entrée en politique de la grande génération des Aînés, grandis à l'ombre de la Restauration, dans la nostalgie confessée d'enfants d'un siècle privé de l'héroïsme de la Révolution et de l'Empire. Le mouvement de la marchandisation prend le chemin résolument inverse. D'abord, d'écrivains, gens qui entendent vivre de la seule activité d'écriture, nous voici rendus à l'ère des « romanciers ». Le terme, encore adjectivé chez Sainte-Beuve (« La Grèce était naturellement romancière et menteuse »), a été bientôt substantivé, chez Hippolyte Taine (« Les grands romanciers entrent dans l'âme de leurs personnages ») et sous la plume des Goncourt qui notent, en octobre 1864, dans leur *Journal*, « Le roman actuel se fait avec des *documents*, racontés ou relevés d'après nature, comme l'histoire se fait avec des documents écrits. Les historiens sont des raconteurs du passé ; les romanciers, des historiens du présent » (Goncourt, 1989 : 1, 1112). L'acception du terme romancier de nos jours renvoie trop souvent ni à une condition sociale, ni à un métier au double sens de vocation et de talent, mais à une activité secondaire dans un curriculum vitae. Le qualificatif est très souvent associé moins à une liste d'ouvrages déjà publiés, qu'à d'autres titres honorifiques et à la qualification de la profession principale, véritables arguments d'autorité visant à asseoir d'entrée le talent supposé par la largesse du spectre des positions accumulées.

La comparaison, terme à terme s'il est possible, entre la commercialisation et la marchandisation jette une lumière crue sur les tendances contemporaines à l'œuvre.

L'auteur de littérature marchandisée n'est pas un romancier passé à la politique, mais un politique qui traverse, sans y camper, le champ des lettres, le temps d'y déposer son écrit – ministre, conseiller d'État, membre d'une équipe rapprochée du pouvoir ou ancien sherpa, sans oublier, on s'en gardera, le journaliste politique, le banquier ou l'avocat proches des centres de décision suprême. Au sens le plus strict de la sociologie de Pierre Bourdieu, chacun monnaie auprès de l'éditeur sa position dans le champ mondain et professionnel, gage que des comptes rendus amicaux sont déjà écrits ou presque, qu'un budget publicitaire sera pris en charge par une agence amie, que le réseau constitué au fil des ans de copains, d'obligés et de relations répercutera le bruit fait autour du livre. L'éditeur et ses collaborateurs qui, eux aussi, mériteraient le qualificatif envié, en politique, de « sources proches du dossier », laisseront entendre que ces fictions sont nourries des activités rémunératrices et socialement distinguées de l'auteur, qu'elles ne pourront conséquemment que faire dire à la fiction la vérité du réel. Cependant la lecture répétée des journaux et des correspondances des grands écrivains nous prouve à l'envi le contraire : c'est la littérature qui toujours leur dévoile la vérité de leurs autres activités.

Il en va ainsi du fait que, pour reprendre un distinguo cher à Roland Barthes, ces écrivants n'ont pas devant eux la difficile tâche d'inventer leurs lecteurs en les convainquant d'entrer dans une histoire qu'ils réécriront à leur guise pour qu'elle devienne la leur. Ils ont en revanche l'obligation économique, dans un système qui fait des réputations médiatiques une marchandise comme les autres, de commercer avec le public des médias en leur vendant de la notoriété. Leurs fictions se veulent en harmonie avec les préoccupations des « vraies gens » ou l'air du temps, équivalents des études de marché et d'audimat. De fait, le livre, dans ces conditions, essaime au même vent : l'auteur sera invité à une émission culturelle aussi bien, selon les caractéristiques de ses héros, qu'à un talk-show sur l'obésité, la méchanceté des mitoyens, voire l'humanité des bêtes. Il ne s'agit plus de littérature industrielle mais d'une forme nouvelle de *littérature de proximité*, d'écrivants qui vont chercher le public où il attend alors qu'un écrivain aide un lecteur à s'arracher à sa condition pour venir dans l'univers du roman. Nombre de biens de consommation, pour leur promotion, affichent la mention « Vu à la télé ! ». La littérature de proximité pourrait porter, en son commencement, la bande « Pensée grâce à la télé ! ».

D'où vient ce sentiment qu'à l'ère de la marchandisation, tant de livres commettent une effraction aux dépens de la littérature ? Dire que ces auteurs n'ont rien de Saint-John Perse, de Claudel, de Céline ni d'Albert Cohen, ce n'est pas comparer les talents, c'est souligner deux attitudes antagoniques à l'égard de la littérature. Dans le premier cas, l'un et l'autre laissaient leurs pies et redingotes de diplomate, voire de conseiller juridique près des instances intergouvernementales ou leur blouse de médecin de dispensaire à la porte de leur « librairie » comme Montaigne appelait la tour dans laquelle il se retirait pour dialoguer avec lui-même par l'écriture ; ils entraient dans un univers d'une autre dimension, dont ils n'ignoraient rien des règles, des rites et des exigences, quitte à justement vouloir les bouleverser par d'autres rythmes de la langue. Certains ne cherchèrent pas à vivre de leur seule écriture, ni des rentes qui, à l'instar d'un Raymond Roussel par exemple, les auraient éloignés du besoin, mais ils vécurent les exigences de la littérature en marquant la frontière étanche entre activités mondaines et souci du mot, de l'idée, de l'expression. La littérature marchandisée ignore les compartimentages ; assujettie, elle revendique, jusque dans son écriture commune et sans inventions, son intégration au cycle d'échange global et d'équivalence des activités qui définissent l'identité même de l'écrivant : « Normalien, agrégé, conseiller d'État, romancier, peintre et psychanalyste, l'auteur est Président de la Financière des Fonds de pension, critique et chroniqueur à l'hebdomadaire *La Virgule* et *Le Rapide*. Il signe ici peut-être son meilleur roman. » Ces notices biographiques sont du même accabit que nombre de devantures des boutiques de l'échange globalisé : « Paris/New York/Londres/ Tokyo ». Elles ne disent rien du talent, elles posent simplement l'expertise d'une carrière répondant aux normes grises du Grand Conseiller du Prince qui distribuera, dans l'intervalle de ses voyages intercontinentaux, des miettes de ses secrets dans des fictions à clés, sorte de publi-reportages où les personnages seraient des masques. Le roman est un marqueur de la polyvalence en réseau de l'auteur, gage pour l'éditeur qu'il a misé sur un bon coursier. Car l'éditeur courtise des noms, plus encore que des personnes, qui soient déjà connus pour leurs activités de journalistes, leurs prestations télévisuelles, leurs stratégies de conseillers en communication ou leurs prouesses au CAC 40. Publier un roman signé par ces écrivants ne prouve pas nécessairement qu'ils aient du talent ni des lettres. Pour ce qui est des lettres, ces ouvrages sont tout au plus des missives envoyées, via la télévision et la presse qui gravite à sa périphérie, à des destinataires qui les reçoivent après qu'elles ont été affranchies par la camarilla des amis, proches ou obligés, qui les aura présentées avec un souci particulier de la modération : « Attention, chef-d'œuvre ! » ; « Cet ouvrage est trop riche pour que nous puissions en rendre compte. » ; « Cela se lit comme un roman ! »

# 20

*Qu'attend donc l'éditeur de cette littérature qu'il aide à devenir marchandise ?*

Qu'il soit clair que complaisance, obligations et servilité sont de toutes époques. La nouveauté, c'est le développement insolent, parce que dans le mouvement même de la marchandisation, d'une littérature de carrière, de livres qui sont autant de marches qui se gravissent pour atteindre le podium où siège régulièrement le petit nombre de ceux qui s'illusionnent sur leur pouvoir de faiseurs d'opinion. Le livre est ici un moyen, il a cessé d'être une fin. Nous sommes entrés dans l'ère de la *littérature de notoriété,* stade suprême de la littérature de proximité. Rien de nouveau, dira-t-on. Voyons donc de plus près. Dans le cycle de la commercialisation, la littérature de proximité se fonde, dès l'amont, sur des présupposés concernant les attentes des lecteurs. Ainsi, Ponson du Terrail répondait à ses détracteurs : « Les lecteurs n'aiment pas se trouver en face d'acteur de leur monde. L'homme du peuple n'aime pas l'homme du peuple, ni le marquis le marquis […] Il faut les malheurs d'une duchesse pour faire pleurer les blanchisseuses de fin » (Bellet, 1967 : 209). Dans le cycle de la marchandisation, la grande coupure, nous l'avons déjà rencontrée, est celle qui sépare du reste de la production les ouvrages où l'aval est à l'amont. Alors la réception par le public préside à l'écriture, les valeurs de la sphère de communication à l'élaboration du produit, la notoriété acquise à l'extérieur de l'univers de la littérature, dans son acception la plus large, tient lieu de toise pour le talent.

Écrits non pas les yeux rivés sur l'amont d'une histoire qui s'impose à l'écrivain, mais l'oreille tendue vers l'aval où se formatent les attentes des publics qu'agrègent les moyens de communication et leurs messages, nombre d'ouvrages de fiction se bâtissent sur une nécessité d'ordre commercial et non plus sur une exigence existentielle. Le terme de « nécessité », revenu au goût du jour du critique et de l'éditeur, a rarement été défini. Rainer Maria Rilke s'y est risqué, recommandant à un jeune poète : « […] répondez franchement à la question de savoir si vous seriez condamné à mourir au cas où il vous serait refusé d'écrire. Avant toute chose, demandez-vous […] : est-il nécessaire que j'écrive ? […] Et si [une réponse profonde] devait être positive, [...] construisez alors votre existence en fonction de cette nécessité. [...] Une œuvre d'art est bonne qui surgit de la nécessité. C'est dans la modalité de son origine que réside le verdict qui la sanctionne : il n'y en a pas d'autre. [...] (Il suffit [...] de sentir qu'on peut vivre sans écrire pour être fondé à ne pas écrire du tout) » (Rilke, 1993 : 27-29)

De ce point de vue, intransigeant il est vrai, la littérature de notoriété est loin du compte. Combien d'ouvrages de fiction sont cousus des fils blancs d'une possible sérialisation télévisuelle ou adaptation cinématographique, dont la parution est calculée selon un calendrier qui est celui non plus de la maturation, mais des saisons commerciales, et qui recherchent avant tout la pôle position dans l'anneau de vitesse de la communication – des bonnes feuilles, un entretien ou un éloge convenu dans un supplément littéraire ou un magazine appartenant, ou pas, au même groupe de communication que la maison d'édition, un passage programmé, dès l'élaboration du récit, dans des émissions de témoignages, où l'auteur sublime en quelque sorte la parole blessée des victimes invitées, en élevant leur sort au rang même de l'histoire que raconte son livre (de ce point de vue, l'autofiction est le paradigme de la marchandisation) ? Ce qui, en retour, renforcera le sentiment des magazines et des journaux qu'ils collent aux besoins des lecteurs, puisque ceux-ci seront censés regarder l'émission compassionnelle ou le programme culturel suite au lancement élogieux de l'ouvrage. Ce qui confortera aussi les directeurs des rédactions qu'il faut « parler des livres que les gens lisent », phrase fatale qui annonce toujours la disparition, dans les suppléments littéraires, des découvertes, des coups de cœur inattendus au profit de la concentration sur les auteurs susceptibles de faire les meilleures ventes parce qu'ils font déjà les meilleurs taux d'écoute. Ce qui ramène pour finir les rubriques de livres à de tristes décalcomanies des programmations télévisuelles où tout se discute, rien ne se perd, tout se vend, rien ne se retient.

Au bout du compte qu'avons-nous ? Une littérature de proximité, sans épaisseur, qui vient au lecteur pour en faire une marionnette de papier comme la télévision vient chercher le spectateur-consommateur dans la passivité de son foyer. Dans les deux cas, le lecteur comme le téléspectateur n'auront pas à sortir d'eux-mêmes, à se confronter à la résistance d'une langue et de personnages autonomes qu'ils devront découvrir, puis apprivoiser, auxquels ils devront s'acclimater pour comprendre, dans cette distance devenue progressivement intimité, que certains de leurs ressorts sont aussi les leurs. Cela, c'est l'œuvre d'un écrivain, la marque d'une intrigue.

La marchandisation, c'est l'intrigue qui disparaît au profit du sujet. Terme fétiche de l'univers de la communication, le sujet est toujours de société, c'est-à-dire qu'au prétexte d'un reportage, il met en images. Le sujet, en littérature devenue marchandise, s'annonce clairement comme « le premier roman sur l'humanitaire », « le roman de la globalisation », voire « le roman des tournantes ». Foin des personnages, il n'y en a pas, car ils ne sont plus nécessaires : un prénom (à l'image des gens de variété), une couleur de cheveux ou de peau, une sexualité catégorisée feront l'affaire, puisque le roman allant au public, devra permettre au plus grand nombre de se reconnaître sans effort dans de grands sentiments plus que dans les petits êtres de papier. Cette photographie supposée du monde n'est qu'une capture d'écran télévisé. En sorte qu'au siècle de la commercialisation de la littérature, le lecteur, après s'être arraché à sa quotidienneté, et avoir couru le risque de la mise à distance de soi, pouvait s'écrier « Madame Bovary, c'est moi ! » ; à l'heure de la marchandisation, la fiction vient à lui sans réclamer le moindre effort. Peut-être alors se souviendra-il que « Madame Bovary, c'est Isabelle Huppert ! ».

Le sujet de la littérature marchandisée répond à l'air du temps. Redoutant de créer la surprise pour complaire au plus grand nombre et aux grandes chaînes soucieuses de leurs annonceurs, mais avec cette marge d'audace que laisse un univers télévisuel dont la plasticité ira jusqu'à citer Guy Debord au journal télévisé, l'éditeur, penché sur son bilan comptable, devine les écrivants penchés sur le déroulé de leur carrière ; il veille à ne pas prendre de retard dans la publication de leurs livres, car il y a les prix littéraires, puis l'Académie. Portée par la médiocrité de ses ressorts, cette production s'inscrit inexorablement dans le registre de la répétition. Les grandes œuvres littéraires se sont imposées en rupture d'avec les attentes communes ou les goûts d'une époque. Comment surprendre par l'écart, quand l'appel d'offres lancé à la littérature de notoriété est de coller au plus près, donc au plus bas, des exigences culturelles des grandes chaînes ? Dans ces conditions, on imagine aisément que demain, dans un très grand groupe, la Direction stratégique de l'écriture et de l'audimat veille à appliquer scientifiquement l'utilité ordinale marginaliste, c'est-à-dire qu'elle se représente par des graphiques l'ordre des préférences d'un agent économique sur un ensemble de livres qui lui serait présenté à la place des classiques paniers de consommation. Pour anticiper les gains et améliorer la profitabilité globale, cette fonction d'utilité ordinale, fondamentale pour préciser les attentes de la ménagère lectrice, sera ensuite, à l'instar des articles de l'électro-ménager ou des crèmes dessert, confortée par des enquêtes qualitatives de clientèle. À la question « quel livre rêvez-vous de lire ? », chacun répondrait en décrivant le plaisir qu'il trouva à la lecture d'un ouvrage déjà existant puisqu'il ne pourrait imaginer qu'un plaisir dont il aura fait l'expérience. La nouveauté en littérature, c'est l'émotion inédite, inconnue jusqu'alors, qu'éprouve sans y avoir été préparé la lectrice ou le lecteur. Mais seront-ils interrogés sur leurs attentes à l'égard d'un livre que leurs réponses se fonderont sur les satisfactions obtenues de la lecture passée d'ouvrages encore présents à l'esprit par les expériences déjà éprouvées. Joseph de Maistre avait bien vu que, la plupart du temps, sauf la grande secousse d'une découverte vraie, « nous n'admirons jamais dans un livre que la conformité avec nos opinions et nos penchants. De là cette diversité infinie de jugements qui se choquent et s'annulent mutuellement. L'effet d'un livre ressemble à celui d'un discours qui dépend bien autrement des dispositions intérieures de celui qui écoute que du talent de l'orateur » (Maistre, 2007 : 165).

Forte du résultat de ses classements devenus analyse microéconomique du comportement des consommateurs élevés au grade de lecteurs dans l'ordre de la promotion marketing, heureuse des camemberts tracés à partir des enquêtes qualitatives, en complément à sa courbe de demande, la Direction stratégique de l'écriture et de l'audimat, au cours d'un symposium avec transparents, rétroprojecteur ou PowerPoint, commandera à un porte-plume LE livre voulu par l'homme ou la femme statistiquement moyen. Nouveau Pierre Ménard de la marchandisation, le nègre industrieux s'empressera non plus de reproduire quelques pages qui coïncideraient avec celles de Miguel de Cervantes (Borges, 1993 : 467-475), mais plutôt, à la manière de Hollywood, de réécrire *Notre-Dame de Paris* sous le titre de *Quasimodo*. Ainsi fortune sera faite grâce à la mauvaise conscience à l'égard de la différence et, devant la montée des eaux lacrymales et la vague des bons sentiments compassionnels, il n'est pas à exclure que le président de la République française réserve à la chaîne de télévision, qui est amie à la fois du groupe et du président, l'exclusivité de l'annonce d'une loi prochaine sur l'interdiction désormais faite aux parieurs et joueur en quête de fortune de toucher les bosses.

## 21

*Comment la marchandisation peut-elle aussi facilement dicter jusqu'au contenu de la littérature ?*

La littérature marchandisée se nourrit de deux tendances de fond de notre époque. La première est l'imprégnation de nos vies ordinaires par une psychologisation absolue de tout problème, dérivée d'un psychanalysme simpliste, aseptisé mais fort utile à la reproduction du système marchand. Tout est de nos jours reconduit au mal-être de l'individu ; ce dernier en serait à la fois la cause par ses angoisses et la cure grâce au « développement personnel », alors que nombre de situations sont le fait non de la personne mais des pathologies sociales liées à l'organisation du travail comme à la barbarie ordinaire des sociétés globalisées. Ce psychanalysme dicte jusqu'à des formes syntaxiques nouvelles, inscrivant chacun dans des grandes catégories classificatoires qui prétendent subsumer la réalité de l'individu : ainsi n'est-on pas colérique mais « dans la colère », jaloux mais « dans l'envie », nécessiteux mais « dans le besoin ».

Par ailleurs, cette doxa d'un freudisme lyophilisé pour mieux dissoudre la potion amère de la responsabilité de chacun dans ses maux, pose que tout est symptôme, donc que tout fait sens, en conséquence de quoi, le sens circulant, tout devient dicible. On se souvient du titre d'un ouvrage de Françoise Dolto : *Tout est langage*. C'est la raison pour laquelle ma souffrance personnelle peut témoigner pour la vôtre ; en cela, elle fera œuvre d'utilité commune, pas d'exhibitionnisme narcissisant. Le dicible est soit prononçable sur les plateaux, soit publiable sur les étals.

Cette universalisation de l'ego blessé est au principe des émissions où les larmes sur commande répondent à un voyeurisme scénarisé, comme de l'activisme politique de communication ; il préside également à l'accroissement des ouvrages de témoignages plus ou moins romancés et à l'autofiction. « Écrivez un livre, car vous le valez bien ! »

Cette donnée culturelle en croise une autre, industrielle : la baisse du coût moyen de fabrication d'un ouvrage. Pourquoi, dès lors, un éditeur se priverait-il de l'opportunité de gagner gros avec du littérairement petit, de frapper fort avec du stylistiquement faible ?

D'autant que nous vivons l'époque de la réhabilitation du langage. Quoi qu'elle en ait au plan de la philosophie, cette réhabilitation conforte la marchandisation. Le langage n'est plus un ensemble de signes et de structures signifiantes qui parleraient à travers le sujet – thèse défendue par le structuralisme des années soixante et la célèbre « Leçon inaugurale au Collège de France » de Roland Barthes, en janvier 1977 : « Nous ne voyons pas le pouvoir qui est dans la langue, parce que nous oublions que toute langue est un classement, et que tout classement est oppressif. [...] Parler, ce n'est pas communiquer [...] c'est assujettir : toute langue est une rection généralisée. [...] La langue, comme performance de tout langage, n'est ni réactionnaire, ni progressiste : elle est tout simplement fasciste ; car le fascisme, ce n'est pas d'empêcher de dire, c'est d'obliger à dire » (Barthes, 2003 : 451-452). Le langage, au contraire, devient la dimension quasi ontologique de l'individu. La philosophie analytique, d'origine anglo-saxonne et qui trouve enfin sa pleine place dans l'Université française à partir des années soixante-dix, définit l'homme par le langage qui serait son seul monde. Il circule dans la sphère culturelle d'une société des philosophèmes, sorte de propositions philosophiques plus ou moins référables à des œuvres et à des auteurs, pas vraiment vrais, jamais franchement faux, et qui sont comme des baromètres des croyances ou convictions intellectuelles à un moment donné. C'est actuellement le tour de la proposition de Ludwig Wittgenstein dans son *Tractatus logico-philosophicus* (Wittgenstein, 1993) sur la nature insurmontable du langage. Le fait que l'individu puisse parler du langage dans son langage prouve que le moi n'est pas psychologique, mais une limite du langage et du monde qu'il exprime à travers des propositions élémentaires : « 5.6 : Les frontières de mon langage sont les frontières de mon monde » ; « 5.632 : Le sujet n'appartient pas au monde, mais il est une frontière du monde ». Dans les mêmes années d'agrément donné à la philosophie analytique, Paul Ricœur renouvelle la phénoménologie avec son ample réflexion sur *Temps et Récit* (1983-1985), qui vient de front heurter l'ensemble des disciplines en sciences humaines. Il rappelle que l'homme se définit par sa capacité à inventer des fables. Ces fables disent le monde et les origines de son ordre, organisent des récits qui racontent l'homme et sa place ontologique, mettent en intrigue les diverses configurations de son expérience du temps.

Lorsque, pour paraphraser Hume, les acquis de la philosophie dans le domaine du savoir parviennent, sous la forme de philosophèmes, aux esprits brillants et déliés du monde de la conversation, s'impose alors l'idée synthétique que l'identité de l'individu est fondamentalement narrative. Ses appartenances à une communauté native ou élective se traduiront par l'adhésion et la propagation d'une version spécifique du récit historique national, voire une version alternative qui, depuis les marges, réclame une place dans le grand récitatif. Dégradée en petite monnaie de la doxa du monde médiatique, cette identité narrative ramenée à l'immédiateté de la vie ordinaire aboutit à ce que, sur les plateaux, la prise de parole d'un individu, « vrai gens », pour témoigner d'une détresse ou d'une injustice, d'un désamour ou d'un handicap vaille seule preuve de son existence entière. Celle-ci, dans sa complexité de toute une vie, est ramenée le temps d'une émission à la seule dimension d'un sujet choisi en dehors de la personne invitée par une rédaction soucieuse de son taux d'écoute et de sa part de marché. Ce sujet l'enferme dans une exhibition réglée avec minutie par un déroulé qu'il aura répété quelques heures auparavant. L'invité sur le plateau se croit plus que jamais, par son histoire qui résumera son identité d'un soir, l'échiquier qui dictera aux autres invités la place à occuper face à son témoignage, il n'est cependant qu'une pièce dont le déplacement aura été calculé, minuté, euphémisé par d'autres. Ce soir, je parle donc je suis ; demain, je redeviendrai moi-même dans l'oubli des programmateurs.

La logique télévisuelle est inéluctable, quiconque veut en jouer finit toujours par en être la dupe. Lorsque le livre entend en profiter, c'est, à terme, de lui que l'univers de la communication profite. Invité sur les plateaux dans des émissions thématiques, ou même littéraires, le livre est en appoint à une visée d'audience du médium et non pas d'illustration de la force de l'écrit. Il ne devra donc pas affiner le propos, ce qu'en langage télévisuel on appelle « ennuyer le téléspectateur », moins encore montrer que la réalité peut être une forme d'illusion qui, mise à distance, pourrait s'inverser ou se révéler plus complexe (« trop compliqué pour la ménagère »). Qu'observe-t-on ? L'auteur d'un livre marchandisé se fera fort d'être le plus fort. Ayant écrit pour résonner haut sur les plateaux, il se donne l'illusion que la télévision a besoin de lui, demande après sa pensée, est avide de l'entendre développer sa thèse. Il aura, sur les « gens du commun », l'avantage de l'arrogance et l'aisance de la rhétorique. Il se verra bien en sorte de fil directeur de la soirée, éclairant les propos confus des uns, donnant plus de généralité à la réclamation d'un autre, sorte d'intellectuel organique de la cause d'un soir. Au principe de son livre marchandisé comme de sa présence sur ce plateau, dans l'attente de faire d'autres plateaux sur d'autres sujets, il y a l'argument d'autorité : j'ai écrit sur ma souffrance ou sur la vie, sur la souffrance ou sur ma vie – c'est tout un –, donc je témoigne pour vous qui me lirez mieux que vous ne pourrez le faire par vos paroles embarrassées. La littérature de notoriété, sous cet angle de la soi disant proximité, est comme l'analyste lacanien : elle ne s'autorise que d'elle-même, c'est-à-dire de la réputation que valent à l'auteur ses titres de noblesse sociale et ses activités globalisées, pour se poser en porte-parole, socialement légitime et littérairement assuré, des sans-grade, en mandataire des sans-parole.

On pourrait opposer à cela, dans l'histoire de ce qui fut, à chaque époque, entendu comme étant la littérature par les contemporains, mille et un exemples d'auteurs, aujourd'hui oubliés, qui contentèrent plus qu'à leur tour les attentes du public, multiplièrent leurs lecteurs, assurèrent le confort, sinon la fortune, de tous ceux qui de près ou de loin faisaient commerce du livre. Il est une différence, et de taille nous paraît-il : la sphère de la communication impose son anneau de vitesse à quiconque et quoi que ce soit qui prétend, par son contenu, y pourvoir et y trouver sa place. Le livre marchandisé n'en tire profit qu'en allant au-devant d'exigences qui ne sont, par l'histoire et par la culture, pas celles de la sphère écrite. Il manque, nous y reviendrons, un élément clé de ce qui a fait le livre jusqu'alors : la capitalisation, c'est-à-dire l'ambition de durer, de se projeter par la singularité de son projet dans le lendemain, plutôt que de n'avoir pour seul projet que de se substituer, par un formatage normé, et dans l'instant présent, à d'autres livres qui ont troqué leur devenir pour un « potentiel » de ventes à court terme. L'inverse, résolument, de ce que jusqu'alors avait été les fondements de la librairie.

**22** *Au temps pour la littérature à l'ère de la marchandisation. À quoi bon vouliez-vous évoquer la « querelle du livre de poche » à l'ère de la commercialisation ?*

Cette question désormais structurante de la circulation des livres dans l'anneau de vitesse de la communication fait pendant à celle, tout aussi cruciale, de la rotation des exemplaires dans certains circuits de vente qui non seulement ne sont pas liés par l'histoire aux évolutions intrinsèques de la librairie mais, pour des raisons déjà évoquées, en prennent la place. Il s'agit de la grande distribution, et en partie des chaînes multimédias.

La querelle du livre de poche est éclairante à plus d'un titre, tant ses enjeux cernent a contrario la nature et la portée des bouleversements actuels. Elle est déclenchée par Hubert Damisch qui tire à vue dans *Le Mercure de France*, en novembre 1964 (n° 1213) : « L'édition de poche accomplit en effet la transformation du livre, de l'œuvre imprimée, en produit, produit si bien conçu et présenté qu'il puisse être proposé au consommateur dans les mêmes conditions et suivant les mêmes méthodes qu'un quelconque paquet de détersif. […] La force du Livre de poche […] revient à nous persuader que [les œuvres] nous sont immédiatement données, que nous pouvons en disposer sans effort et les posséder sans avoir à y mettre le prix (alors que ce sont les œuvres, si nous nous y prêtons, qui nous possèdent et disposent de nous) » (Bessard-Banquy, 1998 : 176).

La charge est violente, elle dit le souci partagé par certains intellectuels devant l'ampleur du phénomène. Apparue en 1953, l'édition au format poche multiplie les collections, vend 25 millions d'exemplaires en 1964, ne se contente plus de proposer Pierre Benoît, Hervé Bazin et Cronin, mais fait connaître à de nouveaux lecteurs Camus, Sartre, Malraux, et publie non seulement leurs œuvres déjà parues, mais encore des textes inédits. *Les Temps modernes* consacrent en avril et mai 1965 deux livraisons à un dossier « Les livres de "poche" » auquel contribuent des éditeurs, des intellectuels et des libraires. Défenseur de la difficile acquisition d'une culture qui se mérite, Hubert Damisch est rejoint par Paule Thévenin qui dénonce une mascarade commerciale qui met la Littérature à l'encan (« Bien plutôt que de faire lire, on se préoccupe de faire acheter »). Mais il est critiqué vertement par l'éditeur Jean-Louis Ferrier (« Le livre de poche s'insère dans un contexte précis : son apparition est liée – je m'étonne que Damisch ne l'aperçoive pas – à la nécessité moderne d'une éducation permanente »), tancé par Jean-François Revel, directeur de collection (« À bien des égards, la multiplication des textes originaux que représente la "culture de poche" est un antidote à la culture scolaire et aux scléroses scolastiques, aux manuels, résumés, tableaux, panoramas, extraits de cours polycopiés [...]. Autrement dit, la culture de poche est la véritable lutte contre la vulgarisation », *Les Temps modernes*, n° 227 : 1735, 1750, 1754).

L'estocade est portée par François Erval, une des plus grandes et discrètes chevilles ouvrières des Éditions Gallimard, qui s'exprime comme directeur de la collection de textes inédits au format économique, « Idées » : « Aurait-on brusquement pénétré dans une chasse gardée ? Serait-ce dangereux de divulguer certains textes ? Cette attitude rappelle trop celle de l'Église qui s'opposait à la lecture de la Bible par tous les fidèles. Il me semble que ceux qui défendent ce point de vue sont des nostalgiques d'une certaine forme de culture, dont personne ne contestera la grandeur, mais qui n'est pas toute la culture. » Derrière lui, Sartre ferme le ban : « On ne consomme pas un livre, même de poche, comme on consomme un mouchoir en papier. L'objet de consommation est celui qui disparaît dans son propre usage. [...] C'est que le livre-objet est un bel objet ; on le garde parce qu'on aime le regarder. [...] Cet attrait, qu'on le veuille ou non, est déjà un phénomène culturel. [...] Au surplus, le contenu du Poche ne s'épuise évidemment pas dans son premier usage. Le lecteur n'en a pas fini avec lui parce qu'il l'a lu : il peut le relire [...]. Il est absurde de vouloir enfermer la culture dans un cadre déterminé à l'avance : chacun la fabrique à sa mesure et selon ses besoins ; chacun invente ses propres valeurs culturelles. Tout ce que je viens de dire s'applique aussi bien au livre de poche » (*Les Temps modernes*, n° 228 : 1994, 1995, 1998).

Cette querelle et son objet – rendre la culture de qualité accessible dans les termes commerciaux même de la culture de masse mais sans rien changer de sa nature – nous laissent l'impression de s'inscrire dans un autre âge. La part désormais prise par la grande distribution et les chaînes dans la vente des livres de poche (le prix moyen d'un volume, établi à partir de l'ensemble des ouvrages proposés par l'enseigne, est inférieur de 60 % à celui établi à partir de l'ensemble des ouvrages, toutes catégories confondues, d'une librairie classique) pose comme objet du débat, qui n'a pas encore été jugé digne de devenir une querelle parmi les intellectuels, non plus la commercialisation de la culture à destination de masses nouvelles de lecteurs, mais, par la stricte inversion des termes que nous avons déjà analysée, la possibilité que des pans entiers de la production culturelle imprimée puissent rencontrer un lectorat. En effet, la présence d'un livre de poche dans les rayons de la grande distribution ne dépend plus que d'un critère : sa rotation. Ici, nul travail de libraire, juste un contrôle informatique de gestion.

Produit comme tous les autres, le livre doit répondre à la règle, déjà évoquée, des 80 % du stock renouvelés dans les six semaines suivant l'entrée en rayon. L'illusion serait de croire qu'il y a là le simple jeu de la demande. La demande en lessive, produit de base, est telle que la grande distribution multipliera l'offre en marques, certes toutes produites par le même, voire les deux mêmes fabricants, mais dont les différences auront été vantées par des campagnes publicitaires quand elles n'auront pas été remarquées à l'usage par les consommateurs. La présence, dans un même bâtiment, et selon les mêmes critères de gestion, de livres à quelques mètres des barils ou paquets de lessive crée une illusion d'offre, alors que celle-ci est déjà un choix opéré par la centrale d'achat de la grande surface. Comment, sauf à être libraire, c'est-à-dire un professionnel formé à la diversité des types, niveaux et genres d'ouvrages, se repérer dans l'offre globale de livres et les traiter selon les critères de la marchandise en grande distribution : étiquetage, traçabilité et cœur de cible, sachant que la publicité pour le livre est quasi inexistante comparée aux campagnes répétées, et pour l'essentiel télévisuelles, pour les produits ménagers ? Simplement en choisissant, parmi les meilleures ventes réalisées dans la librairie classique et les chaînes, les titres susceptibles de devenir des produits qui d'emblée répondent aux critères de sélection du consommateur ordinaire. Il faut un critère objectif – la sélection à partir d'une carrière commerciale déjà forte –, la traçabilité – l'auteur aura une notoriété si possible, mieux encore l'ouvrage aura été promu par un média de masse, l'idéal étant que l'ouvrage en vente ait fait l'objet d'une adaptation cinématographique ou télévisuelle –, l'étiquetage enfin – que le titre en question soit, au sein d'un catalogue, enfermé dans une segmentation ou une déclinaison qui équivale elle-même à l'offre alimentaire : au rayon pâtes, je demande les *orechiette* ou les *fusili*, au rayon livre, je demande le label « policier » ou « science-fiction ». Mais au rayon pâtes, je choisis entre les italiennes industrielles ou artisanales, entre les italiennes et les alsaciennes ; le rayon livre ne me propose aucun choix qui me permettrait de préférer la littérature italienne à la française, la poésie au roman, des nouvelles plutôt qu'un récit historique. Comparé au choix des produits alimentaires, le livre n'est ici qu'un produit générique. En cela, l'offre du livre par la grande distribution est en réalité un choix extraordinairement drastique opéré par les centrales non pas pour une offre de qualité et variée, mais à partir de critères qui, si elles procédaient à l'inverse et les appliquaient aux produits alimentaires, domestiques ou pour animaux de compagnie, auraient tôt fait de transformer leurs rayons en feu les boutiques vides des pays du socialisme réel.

Or l'univers du livre de poche est en profonde transformation depuis des années. Il élargit son offre sans commune mesure avec la période antérieure, du fait notamment qu'au plan socio-démographique, les générations qui ont pu faire toute leur scolarité en ne se voyant prescrire que des éditions économiques deviennent majoritaires. La curiosité pour les éditions courantes n'est plus dans ces générations un acquis réflexe. Les éditeurs ont donc développé l'offre d'ouvrages en première édition directement en collections économiques. Ce marché en expansion, véritable univers éditorial en soi, avec ses règles, ses styles, ses modèles économiques, son esthétique, ses rythmes demeure largement ignoré des rubriques littéraires, télévisuelles et radiophoniques, à de très rares exceptions près.

Pour assurer la présence en grandes surfaces des ouvrages au format poche, il faut que le livre réponde au critère de ventes déjà soutenues dans d'autres réseaux, mais aussi que son éditeur réponde à la demande d'une publicité sur le lieu de vente sous la forme, si nécessaire, de présentoirs en carton ou en plastique qu'il fournira, sans oublier d'acheter des espaces publicitaires dans le journal gratuit de la chaîne d'hypermarchés. Ses titres seront choisis par la centrale d'achat qui passera commande pour tous les magasins, ce qui permet à la chaîne de négocier plus facilement des marges spécifiques. Les craintes d'Hubert Damisch étaient à l'évidence inutilement alarmistes : la culture ne se vend pas, le ratio de la vente de ses produits sur leur stock est trop faible.

Un éditeur d'ouvrages de poche ne peut se retirer sans un mot sur son quant-à-soi, car l'importance prise par la grande distribution est telle que nul ne peut la dédaigner, surtout dans les zones d'habitation où il n'y a plus de librairies ; il doit tenter sa chance, par compromis sans compromission. Son but est d'atteindre, certes marginalement, le public, essentiellement féminin, de ces maigres rayons de livres. L'éditeur est pour le moins ambivalent, qui ne le serait à moins ? Ces lecteurs occasionnels, socialement comme culturellement, n'entreront pour beaucoup jamais dans une librairie, au mieux dans une maison de la presse. Achètent-ils un livre en hypermarché, c'est un livre de vendu, un livre de lu. Les jugements de distinction entre vraie littérature et production de divertissement ne pèsent guère au regard de cette entrée dans l'univers de la lecture.

Cette ambivalence explique qu'aujourd'hui la ligne ne soit pas aussi blanche qu'on l'imagine entre compromis et compromission. Un éditeur devrait toujours commencer par se féliciter qu'un livre trouve acquéreur. Pour aller chercher le lecteur futur où il circule, il faut que l'éditeur intègre dans certaines décisions éditoriales les contraintes de la grande distribution. Il pratiquera donc ce fameux étiquetage, sortant du fonds de sa collection d'ouvrages en format de poche des titres et auteurs dont il fera des sous-ensembles, selon les tendances du marché, clairement distinguables par des couvertures spécifiquement stylisées. Les deux grands domaines sont aujourd'hui la littérature policière et la littérature de science-fiction. Ces deux sous-ensembles rencontrent les faveurs d'un public qui n'aurait pas cherché ces mêmes textes dans une collection de poche généraliste, et par-là, ne faisant pas tourner les exemplaires par sa demande soutenue, ne risquait plus du tout de les trouver dans les rayons informatiquement gérés selon le débit. L'éditeur se félicite du redressement spectaculaire des ventes de ces ouvrages labellisés pour le consommateur. Mais en son for intérieur, il note, avec quelque amertume, qu'au commencement de son aventure en format économique, il avait tenu à ce que tous paraissent sous la grande bannière de la littérature et qu'au catalogue Chase soit entre Chamfort et Chateaubriand. Le doux espoir que la curiosité des lecteurs de l'un les pousse quelque jour à découvrir les autres débouche, à cause de la nécessité de faire avec la marchandisation (ce qui ne revient pas à faire *de* la marchandisation), sur le contraire exact de son pari initial. Bel exemple du poids de la marchandisation sur la politique éditoriale. Il ne saurait être exclu dès lors que se multiplient à l'avenir des collections pensées avec résolution pour les rayons de la grande distribution, forme renouvelée de ces séries sentimentales dont les auteurs doivent suivre à la lettre un cahier des charges et un déroulé qui précise, à la page près, le premier regard, le premier baiser et plus si affinités. Après tout, il n'y a guère, des chaînes se sont lancées dans l'édition des classiques du premier cycle scolaire. Les résultats ne furent pas concluants en termes de rentabilité, mais symboliquement la ligne de partage des tâches, entre éditeur et vendeur, a été franchie une fois déjà.

## 23

*La marchandisation se traduit par l'accélération de la vitesse de circulation des biens, donc aussi du livre. Pourquoi s'en effrayer ?*

L'accélération n'est que le signe d'une réalité nouvelle qui bouleverse l'économie classique du livre. Que l'éditeur se lance dans la littérature de notoriété n'a, en soi, rien d'étonnant, ni de répréhensible : dès l'abord, nous avons rappelé que l'éditeur fait commerce des livres. Ce qui est en revanche nouveau dans la marchandisation, c'est le refus de la péréquation.

Voyons de près les tendances à l'œuvre. Conçue comme un segment discret du marché, la littérature marchandisée, au sens le plus large – romans, essais, documents – suivra sa pente naturelle :

à savoir, se concentrer dans des catalogues qui lui seront pour l'essentiel dédiés, afin d'homogénéiser les méthodes de lancement et de vente. Ces mêmes catalogues verront disparaître les collections d'ouvrages de qualité autre, plus exigeants en terme d'écriture et de pensée, mais de vente plus lente, voire souvent plus longue dans le temps. Relativement à la littérature marchandisée, et à l'alignement de la productivité des circuits de distribution sur les quantités d'exemplaires passés à chaque commande de libraires ou de responsables des achats en grande distribution, les ouvrages exigeants mais commandés plutôt à l'unité ou en faible nombre d'exemplaires passeront, du fait des nouveaux critères de gestion, pour déficitaires chroniques. Et l'éditeur de conclure haut et fort que c'est dans l'absolu que ces ouvrages sont publiés à perte. De ce raisonnement, il s'autorisera à fermer ces collections, renforçant plus encore la nature hautement concurrentielle de l'édition marchandisée. Les enjeux financiers – hauteur des avances faites aux auteurs, importance des budgets publicitaires pour les lancements, coûts des tirages initiaux pour les mises en place des exemplaires partout en pile – distingueront l'édition marchandisée de l'édition classique, reléguée en deuxième division.

On imagine aisément ce que peut être l'idéal régulateur de l'édition marchandisée : que cette littérature collant à l'aval de ses canaux de vente soit le fait d'une poignée de maisons d'édition, soucieuses de la profitabilité, espérée forte, de toutes leurs activités liées à ce type d'ouvrages. Il se développera alors une véritable économie parallèle. Dès l'écriture du premier mot du roman ou de l'essai, des campagnes de lancement se fonderont sur des rumeurs flatteuses savamment distillées au cours de déjeuners ou de dîners, et amplifiées par d'aucuns jugeant nécessaire de paraître « en être » (les rubriques « confidentiel » des hebdomadaires, par exemple). Puis l'éditeur invitera un petit nombre – lesquels se vivront comme des privilégiés – à des voyages de presse ; il réservera les bonnes feuilles ou entretiens en exclusivité aux chaînes et publications amies ; il veillera à une synergie avec les autres activités du groupe, dont ses agences publicitaires qui auront réservé panneaux dans les stations de métro et culs de bus. Tout sera fait, dans ce scénario dont les tendances sont déjà partiellement observables, pour qu'au final le texte en cours d'écriture devienne un pourvoyeur de contenu pour les différents canaux et réseaux des groupes, à commencer par leurs sociétés de production télévisuelle. Par son échelle et sa nature, cette économie nouvelle est en rupture avec l'économie classique du livre. Le souci essentiel sera de veiller à la totale concentration de toutes les lumières, méthodes et modalités de financement, d'édition, de publication et de vente sur ces titres, afin que le succès des uns attire des candidats futurs.

Or la péréquation traditionnelle qui fut au fondement de l'édition veut que les succès du jour, les ouvrages qui tels ceux de Georges Ohnet furent les meilleures ventes d'une époque avant d'être, à la nôtre, les pires oublis de la postérité, financent *chez le même éditeur* les ventes lentes d'ouvrages plus discrets en leurs commencements que les autres. La péréquation s'effectuait au sein d'un catalogue unique, permettant à tous les types d'ouvrages de bénéficier des mêmes circuits économiques et de distribution. Dès lors que, comme on en observe aujourd'hui le commencement, la péréquation n'opère plus au sein des productions d'une même maison mais distingue les maisons selon leurs types de production, elle devient une division du travail, avec ces producteurs de littérature marchandisée et les petits ghettos dorés de littérature savante ou expérimentale.

Somme toute, il est arrivé à Gaston Gallimard, dans les années trente, de financer, par le pot commun de la péréquation, des ouvrages à succès d'estime comme *La Nausée* par le succès d'une revue consacrée aux faits divers les plus sanglants, qui fut un succès quasi immédiat auprès du très grand public et sut le demeurer par des méthodes racoleuses, *Détective*. Gaston Galli-mard aimait à répéter, selon Paul Léautaud qui rapporte son mot : « Je perds de l'argent avec la *Nouvelle Revue française*, mais j'en gagne avec *Détective* » (Léautaud, 1986 : 867).

À l'inverse de cet exemple parmi mille autres, la littérature de notoriété, la littérature marchandisée seront potentiellement concentrées dans les maisons qui auront les moyens financiers de s'acheter, souvent au terme d'enchères éventuellement organisées par des agents littéraires, des grands noms des mondes divers qui se croisent sur les plateaux (politique, musical, gastronomique, cinématographique, sportif, etc.) et de porter commercialement les ouvrages qu'ils auront signés et peut-être même écrits par des campagnes de publicité coûteuses. Au grand jeu de cette loterie du livre-marchandise, succès rétributeurs et pertes lourdes alterneront, en sorte que la tendance de bonne gouvernance financière de ces maisons sera de ne pas s'embarrasser de collections, genres et disciplines moins rentables et imposant une temporalité de plusieurs années, quand celle de la littérature de notoriété sera au plus de quelques mois. Une gestion au plus près de la quête de profits, et surtout de retour sur les investissements lourds que sont les avances aux auteurs à notoriété, ne saurait tolérer que le service commercial ait un moteur à deux temps et disperse ses efforts. Pas question de mobylette, on exigera de jouer d'entrée en formule 1.

Dans ces conditions, on dessine d'ores et déjà le panorama futur de l'édition. La péréquation le cédera à une nouvelle division du travail : aux uns la grosse cavalerie, coûteuse en ses échecs, Saint-Graal en ses succès ; aux autres les chevau-légers. Mais de l'un à l'autre, nulle compensation financière car les chevau-légers seront en grand nombre des petites maisons indépendantes, alors que la grosse cavalerie paradera dans les groupes de communication. Il suffit de nos jours de voir combien déjà les ouvrages de savoir sont portés par une armada de petites embarcations, petites maisons indépendantes où la qualité du travail est à proportion strictement inverse de leur solidité financière (c'est dire que le travail qui s'y fait est de grande qualité) pour comprendre que s'étant désinvesties de ce domaine, les grandes maisons séduites par la littérature marchandisée auront d'autant moins d'états d'âme à délaisser dans un deuxième temps la littérature exigeante. Tout concordera pour célébrer, par une rhétorique d'une cynique démagogie, comme la littérature de notoriété comme la seule qui soit lisible par tous et reflète les préoccupations de chacun.

## 24

*Mais vivez donc avec votre temps, celui de l'Homme pressé ! Pourquoi les romanciers d'aujourd'hui n'auraient-ils pas eux aussi accéléré leur inspiration ?*

Plus que jamais la réalité quotidienne que la marchandisation cherche à imposer à l'éditeur rétif à la servitude volontaire, c'est la rotation de ses stocks. La qualité d'un livre se mesurerait, nous assurent de bonnes âmes, à son potentiel, c'est-à-dire à sa capacité de se vendre spectaculairement en petitesse de temps et en grandeur de nombre. À la grande Loterie, de nombreux éditeurs se risquent, avec le sentiment que leurs reins (ou ceux du groupe auquel ils sont adossés) seront suffisamment solides pour supporter les conséquences de la loi des grands nombres : déverser à la demande sur le marché les exemplaires d'un titre qui s'envole, pilonner à proportion conséquente de leurs tirages initiaux les très nombreux auteurs non élus par le succès, dont l'éditeur attendait qu'ils flambassent quand ils n'ont fait que cramer.

Pour sa défense contre la loi de la marchandisation, l'éditeur ambivalent argue souvent qu'il ne produit pas en série, mais des prototypes uniques. Il serait de notoriété que les ouvrages se suivent sans se ressembler. La calembredaine est aimable, mais risible en vérité si l'éditeur y porte lui-même foi.

Artisanat de prototypes, donc. S'il existe un inconscient professionnel, il gît précisément là. Car l'idéologie gestionnaire de la marchandisation s'accommode à merveille des prototypes. Qu'un ouvrage, quel qu'il soit – récit d'autofiction, dénonciation de la mondialisation, histoire de la grammaire, intrigue criminalo-christique ou dissertation moralisante sur les risques que ferait encourir une génétique saisie de délire faustien, peu nous chaud, seul importe le bilan comptable –, se révèle un succès, et voilà ce premier roman, essai ou document élevé au rang sacré de prototype. Mais prototype d'une série à venir avec une régularité calculée, saisonnière, pour autant que le public soit au rendez-vous. Car le public se lassant en ses franges, il faut agréger au noyau des fidèles longtemps indéfectibles de nouveaux lecteurs, qu'on tirera par la manche grâce à un effort d'écriture tendant au degré zéro pour être compris de tous ceux qui ne s'étaient présentés aux précédents appels par voie d'affiches et de messages radiophoniques.

On a là l'explication de ce phénomène observable depuis plus d'une décennie : l'accélération de la production (il n'y a pas d'autres termes) des auteurs ayant rencontré quelque succès marchand. Artisanat de prototypes, dites-vous ? Assurément, tout éditeur peu ou prou cède à la tentation de conforter son chiffre d'affaires et se réconforter des misères du temps commercial en souscrivant une assurance tout risque auprès d'auteurs qui vendent bien leurs ouvrages. Mais l'histoire se finit le plus souvent d'une seule et même manière : une baisse tendancielle des ventes. Celle-ci, au fil des années, prend la forme classique d'un phénomène de ciseaux : les avances consenties aux auteurs vont augmentant alors que la nouveauté de l'apport, la qualité d'écriture ou d'invention romanesque vont se dégradant. Imagine-t-on, dans un siècle, le futur Sainte-Beuve : s'il ignore tout des lois de la marchandise contemporaine, il ne saurait expliquer plus avant le grand secret de l'écriture d'aujourd'hui – une inspiration semestrielle, une publication annuelle. Voilà qui renvoie à jamais les Joyce, Pessoa, Gracq ou autres Char et Michaux au temps des déplacements en diligence et coches d'eau. Un écrivain à succès commercial, quelle qu'en soit l'échelle, se doit de nos jours d'être comme l'œuvre d'art chez Walter Benjamin : dans l'ère de la reproduction mécanique.

Le mûrissement d'une œuvre en six ou dix mois est une particularité de notre univers de la marchandise contemporaine : dès lors que des framboises sont disponibles en plein mois de décembre sur les marchés, pourquoi les étals des libraires se priveraient-ils à chaque mois de septembre ou de janvier des romans, récits, nouvelles ou témoignages de grands noms qui sont autant de petites marques ? Ils ont d'ailleurs en partage avec les framboises la même fadeur. Car l'ouvrage n'est plus le fruit du mûrissement de la pensée, de l'imagination ni du style ; il est le symptôme de l'accélération généralisée qui préside à sa confection saisonnière. Telle est, pour finir, la raison de la propagation hebdomadaire, sous les plumes des chroniqueurs de livres, de l'expression « un livre écrit dans l'urgence et la nécessité » qui finit toujours par s'entendre en son sens réel : l'urgence de faire circuler le plus vite possible une nouvelle production, la nécessité de répondre au formatage du marché. Ce qui explique, en passant, un nouveau tic de langage chez les critiques : plus un livre apparaîtra comme destiné à un temps de vie relatif, plus le chroniqueur ponctuera son dithyrambe de l'adverbe « absolument » – absolument jouissif, absolument extraordinaire, chef-d'œuvre absolu…

En sorte que le fin mot de l'histoire contemporaine de l'édition et de la littérature, c'est d'entendre prototype au sens originaire du terme : les auteurs sont le plus souvent considérés par leurs éditeurs comme auteurs d'un seul livre, celui qui donna matière à une série subséquente de produits dérivés et de décalcomanies.

Ne pas saisir que le temps de circulation de l'ouvrage est désormais le critère fondamental de notre métier, c'est, en termes d'histoire littéraire, priver tout avatar de Sainte-Beuve de comprendre, dans l'avenir et avec le regard rétrospectif du critique qui s'autorise du tribunal de la postérité, pourquoi certains des auteurs qui survivront laisseront en héritage une production sérialisée par une régularité métronomique de parution. Combien de romans aujourd'hui sont achevés du fait d'un sentiment intime chez leur auteur d'avoir atteint le point final plutôt que du respect contractuel d'un calendrier commercial qui fixe le jour où commencer la rédaction d'un nouveau livre ?

Tout prouve, dans la maîtrise apparente des rythmes de la circulation, que nombre d'éditeurs sont passés rois, de sorte qu'il y a bien une édition marchandisée *avec* éditeurs. Mais en revanche, on doit désormais parler d'« *édition sans édition* », d'édition de livres sans édition de leur texte. L'idéologie, car c'en est une en termes de management, de la plus rapide circulation du bien-produit, du livre-objet, induit tout à fait logiquement une accélération du retour sur investissement : plus hauts seront les engagements financiers d'un éditeur contractés auprès d'une notoriété patronymique de l'univers de la communication (et non pas d'une notoriété du style dans le monde de la littérature) à proportion de ses espérances de gains, plus rapide devra être leur engrangement. Il s'ensuit que le manuscrit remis sera publié le plus tôt, souvent programmé avant même que sa rédaction ne soit achevée. Tout devient dans cette optique perte de temps coûteuse : les semaines prises à éditer le texte, c'est-à-dire à en améliorer le style, la fluidité, la logique démonstrative, à enrichir la palette de son vocabulaire comme à vérifier les faits ou les citations, sont comme des agios qu'il faudrait payer sur la somme déjà engagée. Aussi est-ce là un facteur explicatif du grossissement des romans à forts engagements financiers : le nombre de pages correspond et à l'absence d'un travail éditorial visant à rendre nerveux un texte affaibli par sa longueur, et à l'obligation d'obtenir un prix de vente public suffisamment élevé pour la bonne assiette de la récupération de l'investissement global, mais qu'un fort tirage initial ne rendra pas trop dissuasif.

# 25

*Mais la littérature exigeante pourra toujours se distinguer de l'autre, non ?*

La distinction commence déjà à prendre forme, tant les écrivains entendent ne pas être confondus avec les écrivants. Levons de suite une hypothèque : les distinctions dérivées de ce que Mallarmé, regrettant que « le journal domine » par « un charme, je dirai de féerie populaire », appelait sa « divagation » sur le Livre « instrument spirituel » et « impersonnifié » ont fait long feu. Faute d'avoir d'ailleurs pu lui-même donner forme matérielle à son absolu littéraire, espace blanc où le texte tiendrait lieu de monde réel par le spectacle du surgissement du langage dans les jeux de l'alphabet : « Le livre, expansion totale de la lettre, doit d'elle tirer, directement, une mobilité et spacieux, par correspondances, instituer un jeu, on ne sait, qui confirme la fiction » (Mallarmé, 2003 : 274-277 ; « Avec ses vingt-quatre signes, cette Littérature exactement dénommée les Lettres, ainsi que par de multiples fusions en la figure de phrases puis le vers, système agencé comme un spirituel zodiaque, implique sa doctrine propre, abstrait, ésotérique comme quelque théologie », fragment cité dans Scherrer, 1978 : 850). Ce Livre est à l'image de la fleur « absente de tout bouquet » chez Mallarmé : il est à jamais l'absent de toute librairie.

Les contemporains ne peuvent jamais vraiment tracer dans les œuvres de leur temps une démarcation définitive entre Littérature absolue et écriture ordinaire. Que fait celui qui, voulant être lu, entre dans le jeu du commerce et les circuits de la vente, donc prend le risque de l'exposition publique aux côtés d'ouvrages qui en sont à ses yeux le contraire, voire la négation ? Gageons que, dans les années à venir, se multiplieront les Assises de la Littérature qui viseront à tracer des démarcations. N'y viendront et ne seront invités que ceux qui sont déjà convaincus. Certains prôneront la circulation ultimement sectaire par samizdat, hors commerce, sur la Toile ou en brochures : les initiés seront persuadés de la qualité intrinsèque de cette littérature du fait même qu'elle échappera au monde marchand.

Reste une solution qui se met en place sous nos yeux : le tracé d'une géographie contrastée des lieux d'édition. La chose a un antécédent, mais pas en littérature. De 1960 à 1980, dates rondes, les sciences humaines lancèrent leurs offensives à partir de bunkers, dont la disposition révélait une savante répartition des écoles, des idéologies et des institutions entre les maisons d'édition. La lecture althusserienne du lénino-stalinisme et l'anthropologie, marxiste ou structuraliste, campaient chez François Maspero ; l'histoire politique, façon Institut des Sciences politiques, aux Éditions du Seuil, qui publièrent par ailleurs de grands noms du structuralisme (Barthes, Lacan, la poétique de Gérard Genette) ; l'histoire nouvelle et assimilée façon École des hautes études en sciences sociales trônait chez Gallimard, la Sorbonne chez Aubier et les deux grands inclassables, Deleuze et Derrida, chez Minuit, avant que ce dernier ne trouve toute sa place aux Éditions Galilée. À l'exception des Éditions de Minuit, où abusivement tout de même la critique confondit Beckett et Robbe-Grillet, Pinget et Sarraute en une « École du Nouveau Roman », il n'existait pas de forte géographie littéraire, sinon quelques collections à la sensibilité partagée et affichée, telles « Le chemin » de Georges Lambrichs chez Gallimard ou « Fiction & co » de Denis Roche aux Éditions du Seuil. Le partage se faisait tacitement selon les types d'auteurs entre maisons plus exigeantes ou plus populaires. De nos jours, la situation est radicalement inverse. Les sciences humaines se rétractent dans les niches de quelques maisons, sans distinctions idéologiques marquées ; cependant que nombre écrivent non plus pour des maisons généralistes mais pour un éditeur spécifiquement choisi – José Corti, Viviane Hamy, Joëlle Losfeld, Minuit, L'Olivier, P.O.L., Verdier, Verticales ou Sabine Wespieser, par exemple –, affichant une exigence particulière selon les catalogues respectifs, une complicité de sensibilités et de lecture avec d'autres auteurs. Se tisse ainsi une toile invisible de résonances secrètes et d'approches partagées, la revendication d'un parti pris d'écriture, avec la volonté, enfin, d'aider critiques, libraires et lecteurs à opérer d'entrée la distinction.

Il n'est rien que de légitime à se retirer sur un Aventin littéraire pour laisser s'affronter au cirque les plumitifs gladiateurs de la société du spectacle télévisuel. Techniquement, cela faisait sens du temps de la commercialisation. À l'ère de la marchandisation, il se peut, dans un mauvais scénario, que les lendemains soient douloureux où l'on verra les éditeurs, managers de gladiateurs, se réserver les réseaux de vente à haute profitabilité et ne plus vouloir prendre autant leur part qu'aujourd'hui dans les diverses formes de péréquation, l'une des plus essentielles étant les remises de l'éditeur à la librairie de qualité afin que celle-ci puisse justement vendre et des ouvrages rapides et des ouvrages du fonds qui immobilisent du capital. On imagine que les maisons et les groupes qui se seront spécialisés dans la littérature marchandisée à rotation rapide, particulièrement dans la grande distribution, mais qui globalement ne constituent pas un fonds d'ouvrages destinés à se vendre des années plus tard en libraire classique et de qualité, cessent de vouloir aider un réseau de vente qui profiterait plus à l'édition de fonds qui ne serait plus la leur, mais celle de leurs petits concurrents. La librairie de qualité serait alors le parc régional de la littérature exigeante.

Les raisons qui rendent une telle situation plausible sont aisées à comprendre. Les maisons de littérature exigeantes rencontreront prioritairement leur clientèle dans les librairies indépendantes, tandis que la littérature commercialisée jouera gros dans les gares et les aéroports, les hypermarchés et les supermarchés. Il en résultera deux conséquences. D'abord, il y aura à terme un renforcement de la grande distribution dans la vente du livre, statistiquement parlant, mais pas en terme de diversité de l'offre : du fait de la concentration, déjà à l'œuvre aujourd'hui, sur cette seule littérature marchandisée, elle vendra plus d'exemplaires des mêmes titres, mais pas plus de titres. Ce renforcement équivaut à un affaiblissement relatif de la libraire indépendante de premier niveau qui ne prendra qu'une part marginale au succès de cette littérature ; or de cette littérature on pouvait attendre qu'elle finançât les stocks d'écoulement plus lent de la littérature exigeante ou des sciences humaines. Si l'on veut bien pousser la logique du scénario à son terme, on peut même imaginer que, dans une stratégie de survie, la librairie de premier niveau se règle partiellement sur la grande distribution pour assurer à son tour des ventes substantielles dans un marché qui serait de plus en plus structuré autour ou par les meilleures ventes savamment orchestrées tous médias confondus.

La péréquation en librairie serait d'autant plus atteinte que dans le même temps, les centres de distribution prendront d'une certaine manière un pas sur l'éditeur. L'accentuation de la transformation actuelle des grands centres de distribution des livres en centres de profit autonomes, chargés de gagner de l'argent par leurs activités – facturation, traitement des commandes (sorties) comme des cartons de retours (entrées), gestion et garde des stocks – poussera en réalité plus encore qu'elle ne le fait déjà l'éditeur-client à nourrir par des ouvrages à forte valeur marchande cette structure de service devenue structure de profitabilité. Se développera alors cette forme de censure que seuls les éditeurs perçoivent car ils l'appliquent à des degrés divers : la censure non pas idéologique (sauf si la maison d'édition est militante d'une cause particulière), mais commerciale, c'est-à-dire le choix comptable d'un ouvrage sur son seul potentiel de ventes, sur sa capacité à être facturé par palettes entières ou grosses commandes, et non pas à l'exemplaire. À ce stade, la situation s'inversera : le distributeur cessera d'être au service de l'éditeur, c'est l'éditeur qui, faisant ses comptes mais aveuglément, travaillera pour le distributeur et ses tuyaux. Dans le cadre d'une Politique Éditoriale Commune, résultant du mimétisme qui poussera chacun à rivaliser en marchandisation – sinon chacun, du moins les distributeurs les plus puissants, capables d'atteindre le maximum de points de vente, d'une grande librairie à une maison de la presse et du tabac –, les groupes pratiqueront tendanciellement la monoculture intensive.

Telle est la clé d'une situation qui a échappé aux tenants de la censure idéologique par le Capital : la vitesse de circulation des livres étant désormais primordiale, le contenu même finit par peu importer, pourvu que les stocks fondent et que les ouvrages réimpriment en quelques semaines, le temps qu'un autre ouvrage les détrône du classement des « meilleures ventes ». Nul ne saurait oublier que Lagardère (Jean-Luc, puis Arnaud), grand acteur s'il en est de la mondialisation économique et de la communication globalisée, a longtemps été, jusqu'aux premiers fléchissements commerciaux de ce type d'ouvrages, le plus important éditeur altermondialiste de l'Hexagone. Il a su faire son miel et le chiffre de certaines filiales de son groupe Hachette avec, entre autres, des ouvrages comme *Paysan du monde* de José Bové et les brochures d'Attac.

**26** *Donc, si je comprends bien votre analyse en termes de tendances, la distribution pourrait devenir facteur de restriction de l'offre?*

Oui.

## 27

*Pourquoi avez-vous mentionné à plusieurs reprises le genre de l'essai comme étant celui qui a été le plus bouleversé par la marchandisation en cours ?*

Le scénario que l'on peut esquisser pour la littérature s'inspire des bouleversements advenus et observables dans un genre particulier, l'essai. Ici, la marchandisation est allée jusqu'à subvertir le sens des mots. Le discours de l'éditeur n'a pas varié syntaxiquement, mais sémantiquement : sans même s'en rendre compte ni vouloir se l'avouer, il ne dit plus du tout la même chose. Au point qu'en deux décennies, la différence se marque en termes de distance sidérale. En 1972, par exemple, qui dit essai pense au *Plaidoyer pour les intellectuels* de Jean-Paul Sartre, qui vient d'être publié ; en 1986, dans la même veine essayiste, ce sont encore, pour certains, les *Exercices d'admiration* d'Émile Cioran. Quel que fût le sujet, ces deux auteurs, par l'écriture comme la nature ponctuelle de l'ouvrage, s'inscrivaient encore dans la lignée des grands modèles que furent, par exemple, l'*Introduction à la méthode de Léonard de Vinci* ou *Monsieur Teste* de Paul Valéry. En septembre 2007, la plus grande chaîne française d'hypermarchés proposait sa « sélection d'essais et documents » – la perspicacité des grands distributeurs sur la nature des produits qu'ils vendent et les évolutions culturelles qui y président est plus aiguë assurément que celle des éditeurs qui pourtant les fabriquent : l'accouplement des essais et des documents en est la meilleure preuve. Il s'agissait du manifeste d'une vedette du petit écran pour sauver la planète ; d'un entretien entre un biologiste et une responsable d'associations de quartier, quatrième, voire cinquième reconditionnement des mêmes bons sentiments pour qui aurait raté l'épisode en boucle ; et d'un ouvrage/témoignage de pédopsychiatrie, tendance développement personnel. La seule différence avec la liste publiée à la même époque par la presse professionnelle de l'édition était que dans cette dernière, Bernard-Henri Lévy avait réussi à prendre pied. Les mots n'ont donc plus le même sens, mais les statistiques de la profession sont telles qu'elles comptabiliseront tous ces titres dans une même et seule rubrique.

On peut dater, pour qui aime enfermer la réalité dans des boîtes et des dates, la célébration des fiançailles entre l'essai nouvelle manière et l'univers télévisuel-marchand, du 22 février 1984. Ce soir-là, à grand renfort de publicité, la deuxième chaîne publique scénarise, avec en Monsieur Loyal Yves Montand – qui songeait alors à un destin politique en porte-parole d'une société civilo-intellectuelle convertie à l'anti-totalitarisme –, l'essai, paru deux ans auparavant aux Éditions du Seuil, de Michel Albert, *Le Pari français*. Sur le moment, le débat fit rage devant le titre de l'émission, « Vive la crise! », et les propositions des réalisateurs, ainsi résumées par Laurent Joffrin et Serge July dans le supplément spécial de *Libération* qui accompagnait l'émission : « Comme ces vieilles forteresses reléguées dans un rôle secondaire par l'évolution de l'art militaire, la masse grisâtre de l'État français ressemble de plus en plus à un château fort inutile. La vie est ailleurs, elle sourd de la crise, par l'entreprise, par l'initiative, par la communication. » D'aucuns trouvaient enfin légèrement excessives les prophéties de Michel Albert, ancien commissaire au Plan, sur le déclin de la France, laquelle semblait condamnée au sous-développement tant elle se montrait incapable de se moderniser par la flexibilité face aux nouvelles contraintes, au risque de devenir l'égale de l'Afghanistan. Ce même soir, mais on ne le comprit que des années plus tard, on assista au renouveau d'un vieux thème – le déclin de la France –, sans cesse filé depuis lors avec de grosses ficelles pour alarmer Monsieur Tout le monde sur les plateaux. Le neuf se fait souvent en maquillant de l'ancien, la nouveauté réelle étant alors l'écho exceptionnel que rencontre le produit après chirurgie esthétique. Nul n'ignore en conséquence que le genre littéraire dit « déclin de la France » a ses lettres de noblesse, puisque le ban fut ouvert dès 1727. Le comte de Boulainvilliers développa alors, dans une somme en trois volumes prudemment publiée en français mais en Hollande, *Histoire de l'ancien gouvernement de la France avec XIV lettres historiques sur les Parlements ou États-Généraux*, la thèse que la noblesse descendait des Francs et que le roi n'était qu'un pair parmi les nobles. Au XIV$^e$ siècle, l'affranchissement des serfs puis la promotion de la roture par la vente des offices entraînèrent le déclin de la noblesse, et par là de la France, à proportion de la montée de l'absolutisme monarchique et de sa bureaucratie bourgeoise. L'État faisait sa grande entrée sur le théâtre des idées dans le rôle du principal facteur du déclin. Il n'a depuis lors pas quitté la scène, tant les scénaristes se sont succédé jusqu'à nos jours pour réécrire la pièce.

Mais le déclin n'est qu'un thème du registre filé par ce que l'on peut appeler les « intellectuels organiques des médias ».

 *Qu'allez-vous encore inventer ? Qu'est-ce qu'un « intellectuel organique des médias » ?*

Le soir de l'émission « Vive la crise ! », on vit, pour la première fois, sur la personne de Michel Albert, les habits neufs de l'intellectuel organique des médias. La mue s'opéra sous nos yeux : un expert du Plan fut proclamé, par la télévision, intellectuel en charge d'une nouvelle doxa économique. Un intellectuel spécifique, venu d'un domaine de savoir particulier, devenait un intellectuel universel, conscience éclairée pour tous, à charge d'éclairer chacun sur les bouleversements du monde. Il était le porte-parole d'une vérité dont la validité était irrécusable (de la crise sortira le renouveau par le ralliement à l'économie du marché globalisé et à ses dogmes). Le mirage d'une dramatique télévisuelle prétendait, le temps d'une émission, donner aussi tort à Michel Foucault qui, quelques mois auparavant, avait noté, pour la déplorer, la substitution à l'intellectuel universel classique de la figure nouvelle de l'intellectuel spécifique qui ne menait de luttes pour la vérité que dans son domaine d'expertise (Foucault, 2001 : 154-160).

Apparaissait au grand jour la nécessité fonctionnelle, pour l'univers médiatique, d'intellectuels organiques, c'est-à-dire moulés dans ses valeurs, coulés dans le même discours avec ses nécessaires variantes sinon rien ne saurait « se discuter », trempés dans la même polyvalence. Ces intellectuels, formés par la sphère médiatique pour son propre usage, et non plus par l'Université pour s'insérer dans la communauté de savoir, auront à cœur de dire au moment opportun ce qui s'inscrit dans la logique binaire télévisuelle, porte-parole des nouvelles opinions communes énoncées en temps et en heure pour une matinale à la radio consacrée à une crise régionale en Afrique, pour une brève prestation dans une émission télévisée sur le droit des animaux domestiques, chien, tortue, hamster et poisson rouge, enfin pour une chronique dans un hebdomadaire sur le devenir du roman français ou la légalisation du cannabis. Parodiant le *Paradoxe sur le comédien* de Diderot, on peut dire qu'un grand intellectuel organique « n'est ni un pianoforte, ni une harpe, ni un clavecin, ni un violon, ni un violoncelle. Il n'a point d'accord qui lui soit propre, mais il prend l'accord et le ton qui conviennent à sa partie, et il sait se prêter à toutes » (Diderot, 1996 : 1405). La doxa forme les phrases d'une grammaire générative propre à l'univers des médias : un sujet ne peut advenir à la réalité spectaculaire que s'il peut être illustré par des images ; sans images, le syntagme est vide de sens, donc d'existence. Mais qu'une image se présente, alors le mot pourra naître, se dire, faire discours, circuler, voire saturer l'espace de communication, toutefois dans une limite cognitive inaltérable : l'image sera toujours en couleur, mais phrases et discours déclineront une pensée qui ne fera sens qu'en noir et blanc. Sans dichotomie, sans montée aux extrêmes, sans rôle du bon et du méchant à faire jouer – rôles qui s'inverseront plusieurs fois au cours d'une même soirée –, il n'est aucun sujet qui puisse alors « faire débat » : « ça se discute », à la seule condition que ni le langage ni la parole ne soient subvertis par le chatoiement de la complexité, par les dégradés de couleur qui n'ont plus l'éclat des idoles ou des icônes de l'univers de la bande dessinée ou des contes pour enfants, mais cependant permettent de peindre les gens sans qualité tels qu'en eux-mêmes ils sont. L'essai, nouvelle manière, ne sera pas le dernier genre à s'aligner sur cette grammaire particulière.

L'intellectuel organique est à l'image du monarque en France et en Angleterre : il a un corps symbolique, sa présence requise à tout instant pour le bon fonctionnement nécessaire du médium, doublé d'un corps réel, celui de la personne qui revêt ce soir-là le costume, le langage, le rôle, la gestuelle dictés par le scénario de l'émission. On peut donc être un intellectuel organique des médias par structure (écrivant vivant de ses seules prestations dans les médias radio-télévisuels et écrits) ou par conjoncture. Ce dernier point, les éditeurs l'ont très vite compris. Ils contractent avec un auteur qui a déjà si possible une forte notoriété, y compris télévisuelle, mais du fait de ses autres activités que celles d'essayiste occasionnel ; à eux deux, ils calibrent un brûlot, la dénonciation d'un scandale caché ou la révélation d'une nouvelle tendance de la vie des consommateurs, des familles, des adolescents ou des animaux domestiques – tous types d'essais destinés à faire la couverture d'hebdomadaires et le sujet d'une émission à forte audience. Ces ouvrages, rangés dans la catégorie des essais, ont en partage avec celui de la figure tutélaire du genre, Michel de Montaigne, de répondre point par point au constat qu'il faisait : « Il y a plus affaire à interpréter les interprétations qu'à interpréter des choses, et plus de livres sur les livres que sur autre sujet : nous ne faisons que nous entregloser. Tout fourmille de commentaires ; d'auteurs, il en est grand cherté » (Montaigne, 1965 : III, 13).

**29** *Quelles sont les particularités de l'essai à l'ère de la commercialisation qui auraient disparu à l'heure de la marchandisation ?*

En d'autres termes, quelle est la nature de l'essai marchandisé au regard de l'acception classique du terme et du genre ?

Partons, à titre d'exemple, du constat dressé en septembre 1941 par Maurice Blanchot : l'essai est une catégorie d'ouvrages, peu importe le sujet du moment qu'il soit un peu général, dont on n'attend guère autre chose qu'une érudition désordonnée au service d'une vision critique exposée sur un ton personnel. Il précise : « On ne peut rien dire contre cette généralisation d'un mot qui ne promet rien que sa modestie » (Blanchot, 2007 : 79). La définition prend en compte une concrétion formée au fil des auteurs et des siècles.

Avec ses « essais de jugement » visant, dans un monde qui « n'est qu'un branloire pérenne », à éprouver, sans dessein ni promesse, ses « facultés naturelles » face à l'inconstance et à la mort, Michel Eyquem de Montaigne réfère, dès 1580, à l'acception proposée par Clément Marot en ouverture à *L'Adolescence clémentine* : « Ne vous chaille (mes frères) si la courtoisie des lecteurs ne nous excuse, le titre du livre nous excusera. Ce sont œuvres de jeunesse, ce sont coups d'essai » (Marot, 2006 : 45). À son tour Montaigne écrit : « Je propose les fantaisies humaines et miennes, simplement comme humaines fantaisies […] comme les enfants proposent leurs essais ; instruisables, non instruisants » (Montaigne, 1965 : I, 442). Dès lors que pour l'auteur des *Essais*, l'homme n'est que « rapiècement et bigarrure » (*ibid.* : II, 24), en sorte qu'il ne peut masquer « l'inconstance » de ses actions, la conclusion d'elle-même s'impose : « Nous sommes tous de lopins et d'une contexture si informe et diverse, que chaque pièce, chaque moment fait son jeu. Et se trouve autant de différence de nous-mêmes que de nous à autrui » (*ibid*. : II, 22). Il en résulte un type d'écriture qui donnera longtemps forme au genre : pour retracer la diversité du monde et cette bigarrure des êtres, rien ne vaut « l'allure poétique à sauts et à gambades » (*ibid*. : III, 270). Conclusion : « Je n'enseigne pas, je raconte » (*ibid*. : III, 46). Telle est, en ses origines, le genre : arc-bouté au refus de l'esprit de système (« Je ne vois le tout de rien »), l'essai ne renonce pas pour autant à la connaissance, mais l'écriture en sera composite et déliée.

Ce dont se souviendra Denis Diderot, l'indispensable Diderot. Au début de son *Essai sur les règnes de Claude et de Néron*, il affiche une parenté implicite avec Montaigne. Il s'agit en effet de « servir d'instruction à la lecture » de Sénèque et tout autant de Tacite et de Suétone, dans un essai qu'il « ne compose point, je ne suis pas auteur ; je lis ou je converse ; j'interroge ou je réponds ». « Ce livre, si c'en est un, ressemble à mes promenades : rencontré-je un beau point de vue ? je m'arrête et j'en jouis. Je hâte ou je ralentis mes pas, selon la richesse ou la stérilité des sites : toujours conduit par ma rêverie, je n'ai d'autre soin que de prévenir le moment de lassitude » (Diderot, 1996 : 1405). C'est dire combien l'essai abhorre l'esprit de système afin de préserver la fraîcheur d'un doux commerce avec les hommes, celui en quelque sorte de la conversation civile entre personnes de qualité : le siècle des Lumières, qui est aussi celui des Salons, marque l'essor de l'essai.

Nul mieux que David Hume en a cerné l'esprit dans sa réponse à la question « Pourquoi écrire des essais ? ». Nous avons rappelé combien le genre l'intéressait dans ses stratégies de commercialisation de sa doctrine. Son raisonnement se déploie de la manière suivante : « Il semble que le divorce entre les "doctes" et les hommes de salon a été le grand défaut du siècle dernier et qu'il a eu une très mauvaise influence aussi bien sur les livres que sur la vie mondaine. » Dans la conversation, l'esprit ne put s'élever, faute de sujets nouveaux ; quant aux « Belles Lettres », elles devinrent « entièrement barbares » tant elles se confinèrent en des milieux étriqués de philosophes enfermés dans l'abstraction de leurs raisonnements à défaut de faire l'expérience quotidienne du monde, notamment par la conversation. « Sans cette liberté et facilité de pensée et d'expression que seule peut donner la conversation », la philosophie devient « aussi chimérique dans ses conclusions qu'elle était inintelligible dans son style et dans sa façon d'être exposée ». S'il recourt à l'essai après avoir commis un gros traité (*Traité de la nature humaine* en 1739-1740 ; *Essais philosophiques sur l'entendement humain* en 1748), c'est donc pour plaire au public en confortant « l'entente entre le monde savant et celui de la conversation ». Et de conclure par l'une des plus fines définitions de l'esprit de l'essai, tel qu'on l'entendra jusqu'aux années soixante-dix du siècle suivant : « À ce point de vue, je ne peux m'empêcher de me considérer moi-même comme une sorte de ministre-résident ou d'ambassadeur arrivant du domaine du savoir vers celui de la conversation. Je tiendrai pour mon devoir le plus constant d'entretenir un commerce fécond entre ces deux États, qui sont dans une si grande dépendance l'un par rapport à l'autre » (Hume, 2000 : 167-169).

Voilà désormais ancrée une deuxième acception du terme : l'essai est un propos, imprégné de savoir, que délibérément son auteur n'approfondit pas, afin de ne pas sacrifier l'écume du style et l'aisance de la lecture à une plongée dans des profondeurs où l'on manquerait respirer.

Pour autant, ces deux acceptions n'épuisent ni la définition, ni la diversité du genre, qui connaît sa plus belle période au cours du XX$^e$ siècle, tout en cultivant avec soin le débord hors de toute définition restreignant possiblement la liberté de l'esprit. Deux dimensions se précisent : l'inscription temporelle de l'essai, sa réactivité à un contexte, un débat, la nécessité ressentie de prendre le risque de s'essayer, plutôt que d'élaborer une œuvre dans la complétude. On reconnaît là les emportements d'un Péguy qui refuse d'escamoter les effets du temps (celui de la rédaction et de la publication, qui le marque de son sceau) et les interventions de Sartre rassemblées sous le titre de *Situations*. Thibaudet, pour sa part, défenseur de « l'essayiste reconnu d'utilité publique », parle de l'essai « pour désigner une province de la prose qu'aucune frontière précise ne sépare des autres, et qui n'est bien distincte ni du roman, ni de la critique, ni de la philosophie » (Macé, 2006 : 73, 264, 100).

Cette fluidité se reflète dans la liste des titres parus dans la feue collection « Les Essais », aux Éditions Gallimard. Inaugurée en 1931 avec l'ouvrage de Julien Benda *Essai d'un discours cohérent sur les rapports de Dieu et du monde*, elle souligne à l'envi l'imprécision du genre. Y voisinent, sur quelque cinquante ans, des œuvres jugées, en leur temps, inclassables au regard soit des collections existantes – les premières traductions des œuvres de Sigmund Freud ainsi que les écrits de E. M. Cioran –, soit des disciplines universitaires installées : les ouvrages non romanesques de Mircea Eliade ; des textes dont le statut académique n'est pas encore assuré à l'époque de leur parution en français – le montage d'extraits sous le titre *Journal* de Sören Kierkegaard ou, plus symbolique, en 1937, la première traduction en France, par Henry Corbin, d'une conférence de Martin Heidegger, *Qu'est-ce que la métaphysique ?*. S'y glissent également des livres signés de grands auteurs mais dont la nature d'*à-côtés* de leurs œuvres majeures les voue à être distingués de celles-ci, publiées dans d'autres collections à l'objet précis (la « Bibliothèque de philosophie », par exemple, fondée par Maurice Merleau-Ponty et Jean-Paul Sartre) : tel est le cas des *Essais et conférences* du même Martin Heidegger, en 1958, ou de l'*Essai sur Wagner* de Theodor Adorno. On peut, dans ce voisinage souvent des plus surprenants, lire les hésitations de l'éditeur (la collection « Les Essais » n'eut jamais de directeur, elle relevait du Comité de lecture). Mais cette dimension même d'*à-côté* d'une œuvre, l'auteur peut la revendiquer : l'essai est alors pensé dans son propos et dans son écriture comme une prise de position, à partir et au nom des recherches ou des romans qui ont porté son statut de grand universitaire ou de grand écrivain, en un domaine ou sur une question mitoyens aux écrits antérieurs. L'essai est un excursus. Ainsi Raymond Aron, qui avait jusqu'alors publié en collection blanche (de *L'Homme contre les tyrans*, 1946 aux *Guerres en chaîne*, 1951) réserva aux « Essais » ses *Polémiques* (1955), puis ses critiques mordantes contre les « marxismes imaginaires », particulièrement l'althussérien (*D'une Sainte Famille à l'autre*, 1969). Semblablement, Camus y publia *Le Mythe de Sisyphe*, *Noces* ou *L'Envers et l'Endroit* ; Merleau-Ponty, son *Humanisme et terreur. Essai sur le problème communiste* (1947). Ce qu'auraient en commun tous ces titres pourrait être la définition qu'en donna Maurice Blanchot : « Il s'agit d'une expérience au cours de laquelle l'écrivain, parfois indirectement, non seulement s'engage, mais se met en contestation, se pose comme problème, conduit ses idées jusqu'au point où il est rejeté par elles, tire de ses épreuves personnelles un sens qui peut être recueilli par tous, en un mot, fait de soi-même le héros d'une aventure dont la signification le dépasse » (Blanchot, 2007 : 79-80).

Nombre de ces textes expriment une réflexion sur des questions dont l'actualité, souvent intellectuelle ou civique, dépasse les limites convenues de la recherche ou de la littérature. L'essai relève en cela d'une posture particulière à l'intelligence en France, depuis l'Affaire Dreyfus : l'intervention que s'autorise dans le champ politique, empire de l'opinion, et au titre de la réputation qui lui est reconnue dans son domaine de savoir, un grand intellectuel, universitaire ou écrivain.

L'émergence des intellectuels organiques des médias modifiera le genre de l'essai. La figure de l'intellectuel, devenu, par ses engagements, pétitionnaire – figure encore dominante à l'époque de la guerre d'Algérie – s'inverse dans les années quatre-vingt en celle du pétitionnaire hissé, par la multiplication de ses prises de position et signatures, au rang d'intellectuel. Ce changement est porté par les bouleversements technologiques du temps réel : la télévision, puis le réseau accélèrent la circulation de l'information, diminuent drastiquement sa durée d'existence et définissent de nouveaux formats qui ne laissent plus guère de place à l'analyse ni à l'explication élaborée d'une information digérée. Revues, journaux et édition en subissent les effets, qui se cantonnent dans le commentaire toujours à retardement d'une actualité rendue chaque fois plus rapidement obsolète par le flux de nouvelles immédiates, peu élaborées du fait de l'absence de distance réfléchie, et donc à faible valeur informative.

## 30 *Quelles sont les caractéristiques de l'essai à l'heure de la marchandisation ?*

On observe, dans les années quatre-vingt et quatre-vingt-dix, la consolidation de ce qu'on appellera l'essai du premier genre. Pour gagner en écho, le commentaire qui, jusqu'il n'y a guère, donnait d'abord lieu à un article de fond, devient d'emblée un livre de circonstance, dont l'auteur n'est généralement plus un universitaire mais un journaliste, un homme politique ou un conseiller occulte agissant toutefois dans le cercle lumineux d'un projecteur ou enfin, un écrivant. Ces trois grandes catégories d'auteurs d'essais s'inscrivent de plain-pied dans l'univers des médias de communication et d'information, dans leur écriture comme dans leur tempo. Ils visent d'abord l'instant présent. Non pas que, tel Péguy, ils impriment le sceau du présent sur une pensée qui d'emblée accepte que la portée de sa réflexion soit limitée par cette butée du contexte d'origine. Mais plutôt que le présent est la meilleure fenêtre de tir pour que la voix de l'auteur, dans le registre de l'analyse définitive pour tout temps, porte le plus loin. Ici, point n'est question de modestie, l'ambition est féroce : saturer l'espace de la communication publique, écrite et télévisuelle, pour aller chercher la ménagère où elle se trouve – au supermarché ou au kiosque des gares des banlieues. Tout à l'instant et à ses émotions, fuyant la réflexion distancée à partir de la mémoire des dits et des écrits, les essais du premier genre ont pour particularité, s'il advient qu'on s'en souvienne et les relise dans la continuité d'une vie d'essayiste, de très souvent exposer successivement des opinions contradictoires entre elles sur le plan de la logique intellectuelle. Rien ne sert de s'en émouvoir, puisqu'elles sont toujours d'une parfaite pertinence si on veut bien les rapporter à l'instant de leur énonciation. Ces essais ne visent pas à la survie mais à incarner la période qui les voit paraître, à être l'air du temps avant qu'il ne souffle différemment. Ils ne misent pas sur la continuité d'une réflexion mais sur la spécificité proclamée radicale du moment. C'est une *littérature d'opportunité*, au sens où elle revêt les humbles habits de celle qui viendrait décrire l'air du temps, alors que le plus souvent sa fonction idéologique, au sens d'une vision discursive exposée à partir d'un ensemble articulé de présupposés et de pétitions de principe, est de faire souffler cet air. Le souffleur se prétend simple girouette.

Or, au miroir des directions originaires de l'essai, de son souci quintessentiel de suggérer mais de ne vouloir rien imposer (Montaigne : « Là, [le jugement] fait son jeu à élire la route qui lui semble la meilleure et, de mille sentiers, il dit que celui-ci ou celui-là a été le mieux choisi. Je prends de la fortune le premier argument. Ils me sont également bons », *op.cit.* : I, 416), les clercs médiatiques offrent la figure inversée. De Montaigne au *Common Reader* de Virginia Woolf, voire aux *Fictions* et autres textes de Borges, l'essai traite de philosophie, de culture, voire de science sans systématicité aucune (de Obaldia, 2005 : 11-33). « Méthode non méthodique » selon Theodor Adorno, l'essai est « une objection aux quatre règles que le *Discours de la Méthode* de Descartes établit aux débuts de la science occidentale moderne et de sa théorie ». Une de ces règles est, tout potache qui a entendu parler du *Discours* s'en souvient, de s'assurer « de ne rien omettre » par « des dénombrements si entiers et des revues si générales », ce qui présuppose, note encore Adorno, que la réalité des choses s'épuise dans le concept utilisé pour la décrire. Or exhaustivité, totalité, continuité, voilà ce que l'essai récuse par scepticisme naturel à l'encontre de l'existence, dans quelque empyrée, d'une vérité qui serait atteignable et assurée. À cela s'ajoute la volonté également de contribuer à développer la liberté de l'esprit par la défense de l'esprit de liberté contre tout dogme ou réponse assénée par des arguments d'autorité (Adorno, 1984 : 18-21).

Tout au contraire de ces quelques traits distinctifs classiques, l'essai, à l'heure de la marchandisation, est pensé par ces nouveaux clercs comme n'ayant à vivre que le temps même de l'instant qu'il décrit (culturel, de consommation, politique ou artistique, etc.). Le propos en sera définitif, à proportion inverse de sa date de péremption. Programmé pour une faible durée de vie, l'essai nouvelle manière doit gueuler haut, d'entrée, afin qu'on le distingue de la masse. Car masse, il y a, puisqu'à la foultitude de livres classés « essais » s'ajoute désormais, dans les nomenclatures commerciales, celle des documents. Individualisé et ramené aux proportions exactes de son auteur – autre direction inverse de la classique –, l'essai à l'heure de l'autofiction voit sa frontière s'effacer non plus avec le roman, mais avec le document. Au cours des trois dernières décennies, l'essai est devenu l'objet d'une véritable industrie éditoriale. Ce qui génère en retour chez les contemporains le sentiment d'une équivalence entre tous les sujets, puisqu'ils seront, de fait, pareillement traités par l'édition et reçus par les médias – qu'il s'agisse de la menace que ferait peser l'islam, de la mort accidentelle d'une princesse, de la condition physique d'une romancière courant devant un candidat à l'élection présidentielle, de la baisse du niveau de l'éducation ou de la hausse du niveau des prélèvements sociaux, du devenir des banlieues ou, sous certaines plumes c'est tout un, du conflit des civilisations. Dans cette masse, dont la liste s'apparente au sommaire d'un hebdomadaire sur une année, rien ne vise à dire vrai la postérité bibliographique, en dépit de tirages, voire de ventes qui peuvent atteindre les centaines de milliers d'exemplaires. L'empire de l'essai du premier genre est celui de l'immédiat : la diminution accélérée du temps de vie de l'essai conduit à traiter l'ouvrage selon les règles du marketing, objet d'un lancement et d'une promotion, produit de substitution à la réflexion lentement mûrie ; nul enracinement revendiqué dans une œuvre préalable, nulle inscription recherchée dans une durée de vie intellectuelle fondée sur un legs conceptuel élaboré. La mise est sur l'extension, pas sur la profondeur : l'essai vit la vie que lui accordent les médias. La collection paradigmatique de ces bouleversements en leur premier commencement aura été « Figures », aux Éditions Grasset, lieu de la communication orchestrée d'une configuration spécifique à la décennie quatre-vingt : les « Nouveaux philosophes ». L'essai y devint la forme nouvelle des anciennes « tribunes libres » de la presse. Cela revenait à publier « J'accuse » chez un éditeur commercial et non plus à la une de *L'Aurore* (Zola, pour sa part, envisageait de porter à Fasquelle sa *Lettre à M. Félix Faure* pour qu'il en fît une brochure, mais Clemenceau l'en dissuada, qui publia le texte dans son journal). L'essai du premier genre, ainsi entendu, doit détoner, porter le bruit le plus loin possible. Pour ce faire, il est apodictique, proférant de fortes vérités de droit mais méconnaissant les têtues vérités de fait, il se fait systématique, assertif, ignorant doute et suspension du jugement. Sa visée affichée ? Être performatif : son thème, relayé, du fait d'un lancement soigneusement orchestré par les moyens de communication ou d'information, fait, l'espace de quelques semaines, advenir une réalité qu'il a, de toutes pièces, construite (« Vive la crise ! », « Toujours plus ! », « La nomenklatura française », etc.). Les thèmes en sont pour finir en petit nombre. Pour mémoire : scandales financiers, cosmopolitisme des élites, inefficacité de l'école, conservatisme privilégié de la fonction publique, faillite (il s'agit surtout de ne pas avoir peur des mots) des prisons et de l'hôpital, atteinte paternalo-moraliste aux droits fondamentaux du fumeur ou proto-fascisme des conducteurs de quatre-quatre, sans négliger le petit dernier – l'humanité du personnel politique du fait de ses déboires sentimentaux. Détournant de son contexte une formule que Roland Barthes réservait au langage, nous pouvons résumer l'essai marchandisé à « l'autorité de l'assertion, la grégarité de la répétition ».

Aux antipodes – éditoriaux, commerciaux et financiers –, une autre manière de pratiquer le genre se poursuit parallèlement à cet essai d'opportunité communicationnelle et commerciale. L'ambition est ici la production de savoir, quand le meilleur des essais du premier genre vise à être un ouvrage de connaissance ponctuelle, sériée, dérivée du savoir mais médiée par une vision moins abstraite vers un public plus large. Ces essais de savoir, qui sont une partie constitutive de la production de sciences humaines – nous avons appuyé notre démonstration sur certains d'entre eux, déjà cités (Lahire, Laval, Honneth, etc.) –, figurent de plus en plus au catalogue de petits éditeurs plutôt que des maisons généralistes, dont nous verrons bientôt combien elles désertent l'édition de sciences humaines et sociales. Ces livres n'existent qu'en librairies de qualité. À l'heure d'un partage différent des savoirs, de l'émergence de disciplines neuves ou en voie d'émancipation, l'essai du deuxième genre cultive la mise à distance d'un objet hors de son système, la complexité d'une question aux dépens de l'unicité des réponses, l'hypothèse d'un déplacement de la perspective à long terme plus que l'immédiate saisie globale par le surplomb. Il répond à une logique de légitimité savante, et non plus de notoriété médiatique (les à-valoir, plus modestes que pour les essais du premier genre, car les ventes moyennes espérées sont de quelques milliers d'exemplaires, permettent que des essais inédits paraissent dans des collections de grande diffusion où l'échelle des droits, uniformes, est plus modérée). Il retrouve les ambitions que lui assignait, hors des sciences exactes, Robert Musil : « De la science, il a la forme et la méthode. De l'art, la matière. Il cherche à créer un ordre [...] et, comme les sciences de la nature, il part des faits qu'il met en relation. Simplement, ces faits ne se prêtent pas à une observation généralisée, et leur enchaînement est lui aussi, dans nombre de cas, d'ordre singulier. Il ne fournit pas de solution globale, seulement une série de solutions particulières. Mais il témoigne et il enquête » (Musil, 1984 : 335-336).

L'essai de savoir, envers de l'essai-document marchandisé, ne s'arrête pas pour prendre la pose sur les plateaux, il est une pensée qui demeure en mouvement ; il ne se fige pas dans une position arrêtée par l'état du jeu de la communication sur l'échiquier marchand à l'instant présent, il demeure projeté vers le temps d'après, parce qu'il est animé par la question, toujours relancée, de la signification ouverte du monde. Tournant le dos à l'univers des essais marchandisés, et à leur vérité objectivement fixée, c'est-à-dire confinée dans une aire délimitée mais repérable par qui entend se contenter d'une réponse en kit, plus ou moins montée, et prête à tout usage, dans son obsolescence même, pour la polémique publique, l'essai de savoir dérange et ne trouve pas sa place dans le monde de la communication tant il est porté par son propre inachèvement.

**31** *Une idée me vient, après avoir écouté votre démonstration sur les transformations actuelles de l'essai : les essais de dimensions courtes qui se multiplient chez tous les éditeurs ne sont-ils pas l'avenir assuré des sciences humaines et sociales ?*

Dans les conditions nouvelles de la marchandisation, il est un secteur de la production éditoriale qui hésite entre la mue, la mort et le maintien à nouveaux frais : les sciences humaines et sociales. Tout ou presque les oppose par nature aux contraintes apparues avec la transition de la commercialisation à la marchandisation.

Comparons une fois encore ce qui peut l'être, en suivant la chaîne qui classiquement menait de l'élaboration d'une pensée à son expression imprimée puis à sa réception critique, enfin à son inscription dans le savoir commun de l'espace public. La seule description de cette chaîne induit que nous parlions en termes de décennies, alors que le succès d'un livre, quel qu'il soit (le livre comme le succès), se mesure désormais en semaines. La grande thèse d'hier, dont la rédaction demandait dix années ou plus, a cédé la place dans l'institution universitaire à des doctorats dont la genèse, le travail de recherche et celui de l'écriture sont obligatoirement limités dans le temps à un petit nombre d'années.

En amont, nous sommes donc passés de la construction d'objets et questions nouveaux – dans les années 1950-1970, ce furent, entre autres exemples dans la discipline historique, la Méditerranée, le climat, l'Ouest rural et citadin dans la Révolution française, la crise du féodalisme et les paix de Dieu, le commerce transatlantique et l'accumulation primitive en Europe, mais en littérature on pourrait mentionner le rapport entre saint Augustin et la grâce janséniste chez Pascal ou le sentiment de la nature au XVIII^e siècle, voire encore le statut de la fidélité à l'original dans les grandes traductions ou reprises de textes et corpus qui sont au principe de la tradition romanesque en Europe, ou la relation entre cet univers classique du roman et la rupture initiée par Proust – à des analyses restreintes et additionnelles d'objets, événements ou œuvres préexistants ou déjà constitués par d'autres en sorte que, la plupart du temps, le lecteur a le sentiment de visiter les étages sans avoir le temps de regarder les fondations. Les férus de livres d'histoire verront là l'explication, outre le fruit d'une réelle nostalgie d'une grandeur historique largement fabriquée, de la multiplication des biographies historiques itératives qui, faute d'apports en archives et perspectives nouveaux, ont pour seule valeur marginale dans presque tous les cas une réhabilitation anachronique du biographié aux dépens de ses contemporains qui en furent les victimes ou les dupes. Elles poussent dans l'espace laissé libre par la raréfaction d'une production de nouvelles questions et objets fondamentaux.

En aval, dans les principaux domaines, de cette restriction de la production à des objets plus petitement circonscrits et plus étroitement spécialisés, l'éditeur doit faire avec le grand paradoxe de l'institution universitaire : si elle produit, en terme d'intellection, moins de richesses à forte valeur ajoutée, elle a la fâcheuse propension en revanche à valoriser la reconnaissance des titres et compétences sur la publication des travaux. Un doctorat en consultation au service des thèses sera-t-il vraiment l'égal d'un doctorat publié ? Or la publication dépend de deux facteurs qui sont loin de toujours se croiser : la qualité intrinsèque du travail et l'opportunité que l'éditeur croit pouvoir y saisir de publier un ouvrage qui corresponde à son catalogue.

C'est dire que plus qu'hier, la part de la production universitaire qui sera publiée, même reprise, transformée ou dérivée, est infime au regard de la production quantitative de l'Université. En revanche, la part d'ouvrages va croissant, qui sont suscités à partir de ces travaux par des éditeurs qui prennent l'initiative de modeler un ouvrage en fonction de la logique non plus universitaire mais commerciale, en fonction également d'une politique de découverte et de suivi d'auteurs pour lesquels le doctorat ne sera pas le premier livre, mais plutôt une base de données pour un projet autre suggéré par l'éditeur.

C'est la raison pour laquelle poussent actuellement, dans tous les catalogues, ces collections d'« essais de sciences humaines et sociales » aux dimensions d'un article rallongé. Pour saisir l'exacte portée du phénomène, il convient de garder présente à l'esprit la distinction fondamentale que pratique l'éditeur, sans toujours la vraiment penser ni confesser : il y a d'un côté le livre de savoir, fruit d'une recherche particulière, fondamentale, qui a pour raison d'être une percée analytique ; de l'autre, l'ouvrage de connaissance, forme synthétique d'un exposé plus général de l'état d'une question après que des ouvrages de savoir l'ont reconfigurée. La distinction opère en termes de niveaux, d'écriture, d'échelle (nombre de pages notamment), d'espérance commerciale et de temporalité de vie. Elle est désormais au cœur de la question du devenir des secteurs de sciences humaines chez les éditeurs généralistes.

En effet, on peut d'emblée définir les sciences humaines et sociales, du point de vue de l'éditeur, par un double mouvement. Il y a, d'une part, un *désinvestissement* de nombre de maisons qui leur consacraient encore une forte part de leur activité et renoncent aujourd'hui à publier les ouvrages de savoir premier, et, complémentairement, il y a un *travestissement*, puisqu'à leurs catalogues, les ouvrages de savoir premier le cèdent à des livres de connaissances secondes, délestés et cursifs, à l'image de l'évolution récente de l'essai. À l'ère de la commercialisation, leurs équivalents auraient, ici aussi, été plutôt des articles de revues. Ces ouvrages sont dits de sciences humaines dans les statistiques de production annuelle ; ils sont considérés comme tels car les auteurs se rejoignent dans un demi-monde où se côtoient des grands noms de l'institution universitaire qui viennent faire fructifier leurs acquis, et des notoriétés du monde de la médiation, présentées pour l'occasion comme philosophes, économistes ou historiens.

Quand une maison de sciences humaines ferme ses collections de savoir et multiplie les collections de courts essais dits de sciences humaines, elle fait une double erreur. En termes de chaîne de la connaissance, elle se prive à terme – rien n'est observable sur le coup – de la source même de ces petits essais dérivés. Comment concevoir qu'un essai cursif puisse marquer des points si l'auteur n'a pas encore fait ses preuves sur le sujet, si la maison d'édition n'a pas porté son grand œuvre sur les fonts baptismaux, c'est-à-dire tout simplement si la maison d'édition n'a pas assis la recherche, imposé le sujet, donné écho à une préoccupation ? Rappelons que nous sommes théoriquement dans le secteur des sciences humaines, c'est-à-dire celui de l'expertise et de l'intelligence des objets, de la légitimité d'une réputation, pas de la notoriété d'un nom.

La deuxième erreur est de croire qu'en renonçant à la péréquation, on assure l'avenir de ces collections. Si les travaux de recherche et de savoir sont cantonnés chez quelques éditeurs qui ne leur donneront d'ailleurs à l'avenir peut-être pas la forme d'un livre, mais plutôt d'une accessibilité payante pour les spécialistes sur le réseau, comment croire que l'auteur et le sujet auront « du potentiel » sous la forme d'un petit ouvrage commercial dont rien n'évoquera quoi que ce soit aux Hommes pressés, c'est-à-dire en quête de réponse sans se poser de problème ?

Le scénario est presque écrit d'avance : un premier essai remarqué, car maîtrisé puisque dérivé d'une recherche fondamentale ; la notoriété acquise incite, quelques mois après, à écrire un deuxième essai du genre mixte, mélange des acquis fondamentaux d'hier et d'une analyse en surface des tendances du jour ; la notoriété grandissante poussera à publier un troisième essai sur un sujet plus commercial, mais pour lequel l'auteur n'aura plus ni légitimité ni compétence particulière, et qui, par ce fait, sera l'équivalent des essais-documents marchandisés dont il viendra augmenter le nombre.

Exagération de notre part, dira-t-on ? La différence dans l'acception donnée par les maisons à leur programme de sciences humaines se mesure sous nos yeux à leur présence en libraire : fortement représentées, il y a dix ou quinze ans encore, sur les tables de nouveautés en savoir grâce à des collections aujourd'hui fermées, nombre ont désormais une présence tout aussi forte sur les tables d'essais d'actualité politique, de psychanalyse flirtant avec le développement personnel, de documents historiques ou autres.

Dans la grammaire de l'édition de sciences humaines à l'ère de la marchandisation, la syntaxe est demeurée la même, mais pas la sémantique. De nombreux mots ont changé de sens, rendant plus délicate toute comparaison terme à terme d'une décennie à l'autre.

*Mais l'éditeur le premier n'a eu de cesse depuis vingt ans de proclamer que « les sciences humaines perdent de l'argent ». Pourquoi diable! vous obstiner?*

Il y a dans votre question deux ordres de réalité à distinguer sur le plan démonstratif, bien qu'ils soient intriqués dans la pratique quotidienne du métier. Mais il est vrai que nous nous sommes engagé à tout voir par le bout de cette dernière lorgnette. Les deux questions sont donc de savoir s'il y a une spécificité, au plan éditorial, des sciences humaines et sociales qui ferait que celles-ci auraient commercialement dévissé et si bon an mal an, subrepticement ou ouvertement, l'éditeur n'a pas modifié ses critères de gestion, rendant ces sciences responsables de l'inadéquation de ces critères.

Si tout de go, il fallait spécifier un trait qui singularise les sciences humaines et sociales comme secteur d'activités, nous répondrions sans hésitation aucune : la notion de catalogue.

La notion, disons-nous, car la chose en recouvre d'autres, sur des plans différents. Ce qui, pour le libraire, est un fascicule qu'il distribuera occasionnellement à ses chalands, constitue pour l'éditeur la marque de son savoir-faire, ses papiers d'identité professionnelle en quelque sorte : un catalogue est le bilan d'un chemin déjà parcouru et l'esquisse d'un avenir à tracer. Plus que tout autre, un éditeur de sciences humaines, au sens d'ouvrages de savoir fondamental, est préoccupé par la conjugaison des temporalités qui est au fondement de toute politique éditoriale (à l'ère de la commercialisation du moins l'était-elle) : définir au présent des choix éditoriaux qui engagent l'avenir économique de sa maison dans la continuité d'un passé intellectuel qui lui assura jusqu'alors son renom auprès des libraires, des lecteurs comme des auteurs.

Désormais, l'éditeur de sciences humaines et sociales doit répondre à deux contraintes particulières.

La première contrainte est que, médiateur de connaissances élaborées par la recherche, il se collette avec les tendances de fond nouvelles. Après ce que, d'un mot trop rapide, on pourrait appeler « le tournant » des sciences humaines, mais qui demeure rarement analysé, la nature des ouvrages a substantiellement changé, et avec elle, leur diffusion potentielle. Les années 1950-1970 demeurent associées dans tous les esprits à une « éclosion » des sciences humaines, dont on ne saurait méconnaître les composantes : animées par le paradigme historique, ne serait-ce que par le souci de la « généalogie » et de l'inscription dans leur surgissement temporel de concepts prétendument de toute éternité – l'Homme, la Vérité, la Justice, l'Individu, la Folie, le Discours et la Parole, etc. –, les œuvres marquantes d'alors revêtirent la forme de grandes fresques – aucune, on voudra bien s'en souvenir, ne faisant alors miraculeusement cent cinquante pages… Elles revêtirent une double dimension, synthétique et narrative. Peut-être faudra-t-il corréler leur articulation de la forme et du fond à la nécessité de grands récits mobilisateurs pour une France qui, de la reconstruction d'une économie fortement rurale, passait au stade de grande puissance industrielle : l'optimisme des horizons nouveaux drainait une masse nouvelle, sur une échelle sans précédent, d'étudiants vers l'Université. Depuis les années 1990, les sciences humaines plus encore que les sociales – notamment la philosophie, l'économie, le droit et la sociologie – se sont largement déprises de l'influence de l'histoire, pour se tourner vers des objets et questions nouveaux, plus circonscrits et dont l'intelligence ne passe plus prioritairement par la diachronie. Elles ont aligné de ce fait leur écriture sur leur recherche, s'exposant dans des ouvrages désormais analytiques et spécialisés. *A priori* – mais il y a, dans ce métier, toujours des surprises – le lectorat immédiat en sera moindre. Les questions prises à bras-le-corps sont d'une ampleur autre, plus axée sur la compréhension de l'état du monde et de ses transformations immédiates, les réponses susceptibles d'être apportées, en revanche, ne sont plus uniques ; elles demandent à se conjuguer avec celles données par diverses disciplines. Cette multiplicité des approches ne peut plus, pour l'époque actuelle du moins, se fondre dans un grand récit unitaire, conduit par une seule plume, comme antérieurement. C'est, faute d'en analyser les éléments, ce que l'on entend souvent appeler « la mort des grands auteurs ».

Cette première contrainte qui pèse sur l'éditeur – assurer son rôle de médiateur des savoirs en une période d'éclatement des approches et de plus grande technicité des écritures – se double d'une autre, liée à la réorganisation des métiers sous la pression de la concentration industrielle. Des maisons perdent leur indépendance, et leur identité peut parfois en être changée. De la concurrence qualitative entre les éditeurs de sciences humaines résulte globalement une complémentarité quantitative : plus grand est le nombre d'ouvrages de même genre publiés diversement, plus les sciences humaines imposent leur spécificité sur les étals. Mais que l'acception de la production « sciences humaines » vienne à changer, que des maisons donnent désormais la priorité aux essais sur les ouvrages de recherche, et ces derniers peineront à maintenir leur place en librairie. Or le contexte créé par la concentration induit tendanciellement de tels glissements. Dans des pratiques commerciales toujours plus axées sur la temporalité courte des succès de librairies assurés par des ouvrages répondant, pour leur lancement, aux exigences de l'univers des médias, les sciences humaines, du double fait de leur volonté de restituer la complication du monde qui ne se résume plus en une formule-valise, et de leur public motivé, sont en voie de restriction au sein des maisons traditionnelles et généralistes.

L'éditeur ne saurait s'émanciper particulièrement de ces deux contraintes, en sorte qu'est révolue l'époque où il disputait aimablement avec les auteurs le contenu de leurs ouvrages, laissant à l'intendance le soin d'en disposer avec les libraires. Pour le dire sans détour, décider d'un livre en sciences humaines, c'est désormais, plus que dans tout autre domaine, penser d'un même mouvement et à part égale idées et commerce.

Car la face cachée de l'édition de sciences humaines est que, par l'inscription forcée de leur singularité dans la rotation globalisée de la marchandise, elles doivent répondre à des critères de gestion et des pratiques commerciales qui leur sont défavorables car conçus pour d'autres types de livres.

Il se trouve que tous les jours, dans nombre de groupes et de maisons, contrôleurs de gestion et autres administrateurs proposent comme seul ordre de réalité les critères de gestion. Il est toujours bon de se souvenir de quelques évidences : les critères de gestion sont des outils comptables, ils ne sont pas une image de la réalité. Les pigments et leur mode d'emploi n'ont jamais été confondus avec le tableau achevé. Et il en irait d'une histoire des critères de gestion comme d'une comparaison dans le temps des manuels de puériculture : selon les générations, les nouveau-nés auront été couchés sur le ventre, sur le côté, sur le dos, faisant, telle les bouteilles de vins précieux, un quart de tour sur eux-mêmes à chaque fois. Les critères de gestion sont l'image inverse du proverbe chinois : quand le sage montre la lune, dit-on, l'imbécile regarde le doigt ; quand les critères de gestion sont invoqués comme argument d'autorité, ils sont pris pour la lune alors qu'ils ne sont que le doigt d'une main. Que, dans une économie de rentabilité fixée par des objectifs exogènes (telle la nécessité pour les maisons d'un groupe d'édition qui a été racheté à prix fort d'autofinancer avec marge l'emprunt contracté pour leur propre rachat par le nouvel acquéreur), les critères de gestion soient alignés sur la plus forte profitabilité probable, et les sciences humaines paraîtront dévisser relativement à cette nouvelle cordée de critères.

De deux choses l'une : soit l'éditeur intègre la temporalité spécifique des sciences humaines et sociales dans la logique des critères de gestion, en spécifiant certains critères ; soit il éradique cette spécificité en jugeant que la discrimination des critères est déjà coûteuse en soi, et il renonce à la publication d'ouvrages de savoir, prétendant avec cautèle que celle d'essais rentables au regard de ces critères nouveaux en tient lieu. Si l'éditeur applique uniformément les critères de gestion élaborés pour la circulation quantitative de la littérature marchandisée, il bandera toutes ses énergies pour une distribution la plus large possible. Tout ouvrage qui demande une approche de la librairie non pas par un largage massif, mais par sélection des cibles de vente devient vite, dans ce modèle gestionnaire, un boulet dont il urgera de se débarrasser. Si, en revanche, l'éditeur définit une batterie de critères de gestion dans laquelle, par exemple, pèsent le ratio du tirage sur les ventes ou bien encore le taux de retour moyen, il peut risquer plus facilement sa mise sur les sciences humaines. Un ouvrage de sciences humaines ou sociales qui n'a pas rencontré d'écho totalisera des ventes moyennes (entre 500 et 700 exemplaires) nettement supérieures, pour un tirage initial plus faible, à ce qu'un roman obtiendra dans les mêmes conditions. Son taux de retour sera donc inférieur, d'autant que l'éditeur aura pris soin de ne pas arroser indistinctement les libraires, mais en aura choisi un nombre restreint selon des critères précis (nature de la clientèle, part des sciences humaines dans le chiffre d'affaires, ventes nettes d'un ouvrage précédent chez le même éditeur et que celui-ci assimilera dans ses projections à la nouveauté mise en place, etc.). L'éditeur peut également décider que le critère de gestion clé sera le ratio tirage sur stocks et non pas les seuls coûts fixes de la réimpression. Or un catalogue de sciences humaines se prête plus que tout autre aux réimpressions. Un catalogue de littérature verra nombre de ses titres passer dans l'univers de la grande diffusion sitôt qu'ils seront repris dans des collections de livres de poche. C'est loin d'être systématiquement le cas en sciences humaines où un succès assuré par des ventes très régulières en édition courante pourra ne pas donner lieu à un accroissement significatif du fait d'un passage en format économique. Si l'ouvrage concerne des spécialistes motivés et non pas des étudiants auxquels sa lecture ne sera pas prescrite, le passage au format poche est alors une diminution de la rétribution de l'auteur, de l'éditeur et du libraire. Ces mêmes ventes régulières permettront de lisser des réimpressions en fixant le nombre d'exemplaires à l'équivalent d'un stock sur dix, douze ou dix-huit mois, ce qui satisfait alors aux réquisits d'un bon ratio du tirage sur le stock et sa rotation, comme à ceux du taux de retour au titre, puisque l'ouvrage, par effet de niche, sera connu d'un réseau de prescripteurs professionnels qui assurera la rotation régulière du stock, par la librairie classique ou la vente par Internet. Dans ces conditions, l'éditeur peut trouver son bien commercial et financier à publier des sciences humaines et sociales exigeantes. Mais il faut pour cela accepter, au niveau de la distribution, que le critère essentiel ne soit pas l'uniformité, rentable à court terme, des circuits, donc des produits qui y seront déversés, mais plutôt l'adéquation raisonnée des circuits aux ouvrages à vendre dans leur diversité de nature, donc de profitabilité.

## 33

*Pourquoi dans ces conditions d'uniformisation des critères de gestion les éditeurs continuent-ils, même dans l'acception essayiste du terme, à publier des sciences humaines, voire sociales?*

Cela s'explique par la spécificité des ouvrages de savoir. Leur temporalité est la plus lente, articulant le temps de maturation et d'écriture, le temps de la reconnaissance après publication par les milieux et disciplines concernés, puis de l'inscription enfin au patrimoine de la communauté scientifique ou universitaire. C'est la calèche au temps des super-jets, mais ces derniers se sont posés ou écrasés depuis des années que la calèche peut encore rouler, accumulant du chemin au fil des ans. Telle est la raison de l'ambivalence générale à l'égard des sciences humaines, alors même que les sciences sociales auront été abandonnées : elles prennent leur temps, elles mangent du temps à une époque où le temps est devenu une unité monétaire ; mais de la même manière, elles restituent ce temps-monnaie au fil de leur existence car la durée de vie d'un ouvrage de référence se rapproche de celle d'un classique contemporain en littérature et non pas d'une « meilleure vente » sur quelques semaines ou mois.

D'où le quitte ou double dans lequel s'est engagé l'ensemble de l'édition : en ramenant les sciences humaines aux seuls ouvrages de diffusion des connaissances, et non plus de production de savoir, les éditeurs espèrent conjuguer l'assurance de ventes régulières dans le temps avec les critères de gestion définis pour une distribution massive. Rien de plus bancal, en vérité : le régime de ces ouvrages s'apparente alors à celui des ventes rapides souhaitées par la distribution, sans en atteindre cependant les volumes, mais surtout, faute de prendre le temps et la forme des ouvrages de référence, ils se privent d'une vie régulière dans le futur et feront très rarement souche par une reprise dans les collections de livres de poche.

Ainsi s'expliquent les mouvements de pendule que l'on observe dans nombre de maisons d'édition. Animé par des logiques déjà analysées, dans lesquelles le livre entre en « synergie » avec les autres activités de communication afin de donner une matière aux autres médias du propriétaire, un groupe est d'abord un acteur financier en quête opportuniste d'activités économiques distinguées et définies par leur meilleur rendement. L'édition est sous cet angle une activité des plus médiocrement lucratives. On ne saurait toutefois oublier que le Capital est un Janus, tantôt financier, tantôt symbolique. Investir dans l'édition, s'offrir des maisons dont les catalogues, bâtis au fil des années, leur ont donné leur lustre, c'est, au-delà d'un mécano qu'*a priori* la quête de rentabilité ne justifie guère, s'acheter une image de marque et annexer à la communication une part de la culture. Le gain symbolique, dans un premier temps du moins, est sans commune mesure avec la réalité comptable du ratio de la marge nette rapportée au chiffre d'affaires. Au fil des ans, on mesure combien les grandeurs conduisent à certaines folies incompatibles avec la froide rationalité du Capital, ce pieux conte que Marx et Weber se sont raconté. Rappelons-nous : l'aventure de la Cinquième chaîne, désastre abyssal, déboucha sur un dépôt de bilan qui s'élevait, avec les pertes cumulées du groupe, en 1991, à l'équivalent de 290 millions d'euros. Jean-Luc Lagardère sauva ses meubles en fusionnant Matra avec Hachette en une société en commandite, et en recapitalisant un empire qui affichait alors 1,7 milliard d'euros d'endettement pour 595 millions de fonds propres (Rouet, 2007 : 54). Rétabli financièrement, des années plus tard, il se portait acquéreur du groupe d'édition Éditis, précipitamment mis en vente pour sauver ce qui pouvait encore l'être d'un groupe Vivendi menacé de cessation de paiement, suite notamment au coût pharaonique de ses égarements dans des studios d'Hollywood. Dans les deux cas, le prestige symbolique fut rationalisé *a posteriori*, et pour rassurer les marchés, en logique de développement des activités et de croissance externe des groupes. Dans les deux cas, on vit ce qu'il en coûta.

La dimension symbolique explique, toutes proportions gardées, la présence, dans les filiales généralistes de ces groupes, de collections de sciences humaines. Certaines ont un vrai pouvoir de distinction légitime pour les auteurs. Prioritairement consacrées à l'histoire, secondairement à la culture psychanalytique plus qu'à la clinique, occasionnellement à la philosophie générale ou à une sociologie plutôt narrative que conceptuelle, quasiment plus du tout à l'anthropologie ni à la linguistique, elles ont droit d'existence pour la qualité de leurs publications, valorisantes pour l'éditeur dans le premier niveau de la librairie. De fait, elles jouent également un rôle de caution : jugées *a priori* déficitaires, ou dégageant de faibles profits, ce sont autant de pousses fragiles sur le tronc des activités éditoriales plus lucratives mais culturellement moins distinguées. Ces niches au sein de catalogues commerciaux seront de plus en plus de guingois dans un système de diffusion et de distribution conçu et axé sur les ventes à très fort potentiel. D'où le mouvement pendulaire que l'on observe historiquement dans les groupes et leurs filiales : on ferme des collections comme on en rouvre d'autres, selon le capital réticulaire du directeur de collection – ses fonctions professionnelles, ses réseaux, ses liens avec des institutions ou des réputations installées.

## 34

*Mais en ces temps d'accélération généralisée comment vendre des sciences humaines et sociales, sinon avec le panneau « Ralentir, Travaux », ce qui revient d'entrée à les condamner ?*

Un éditeur de sciences humaines doit estimer la postérité commerciale de l'ouvrage qui lui est proposé. Il ne pourra l'inscrire dans son catalogue et le faire durer dans le temps qu'à la condition que cet ouvrage obtienne une longévité intellectuelle. Or, il est avéré par l'expérience que cette longévité tient à ce que l'ouvrage pose un problème inédit, et par là trace une voie nouvelle, plutôt qu'il n'apporte de variations sur des réponses déjà données à des questions déjà posées. C'est là ce qui différencie les ouvrages de savoir des essais de connaissance, lesquels s'accrochent à une réponse forgée par l'instant, martelée sans pondération, assertive et définitive, mais dont l'auteur lui-même sera susceptible de changer dans un autre présent à venir.

Précisons plus avant. Dès lors qu'il se montre soucieux d'inscrire sa présence intellectuelle et son existence économique dans le futur, un éditeur ne peut échapper à la question de savoir ce que seront, à l'avenir, les champs disciplinaires nouveaux qu'il paraîtra tout à fait naturel de trouver alors à son catalogue. C'est assurément la dimension la plus aveugle et risquée de son travail : il choisit de s'inscrire dans un état des disciplines et des savoirs qui soit en quelque sorte en devenir. Ses choix ne correspondent donc pas à l'état présent, sur le marché de la librairie, des rapports de force institutionnels et intellectuels, donc commerciaux, entre les champs de savoirs constitués, leurs prescriptions de lectures et la place éventuelle qui leur sera faite dans les rubriques culturelles de certains médias.

Le problème posé à l'éditeur est double. En amont, c'est celui de « l'écriture », qui recouvre de fait la transformation actuellement observable de l'acception du qualificatif « sciences humaines et sociales ». Un champ de savoir nouveau qui se développe au sein d'une discipline constituée et répond à des interrogations inédites liées aux exigences de notre époque – par exemple, les sciences cognitives, la philosophie du droit ou bien encore la théorie éthique – commence le plus souvent par cerner ses objets, définir ses concepts, préciser ses questions. L'écriture paraîtra donc technique, analytique, exigeant du lecteur un effort de compréhension. À l'inverse, les grandes disciplines déjà instituées, par l'accumulation de savoir et de travaux anciens, autorisent des ouvrages synthétiques, à l'écriture plus enlevée, voire narrative. L'avenir des sciences humaines et sociales au catalogue d'un éditeur généraliste se joue aujourd'hui sur cette question de « l'écriture », c'est-à-dire, ne nous voilons pas la face, la facilité de lecture. On voit par là même combien c'est une illusion de croire que les petits essais peuvent remplacer les ouvrages de savoir : au mieux en dérivation d'une recherche savante, ils ne peuvent s'inscrire dans la durée puisqu'ils closent un travail plus qu'ils n'ouvrent une perspective.

Il est une dimension de l'accélération de la marchandise rarement évoquée et que l'éditeur perçoit avec douleur : dans les comportements de lecture désormais la prime va à l'ouvrage qui sera jugé d'autant meilleur qu'il sera récent. Tout éditeur qui se respecte sait, nous l'avons dit, qu'un auteur, aussi grand soit-il, est d'abord celui d'un seul livre – l'ouvrage qui a ouvert la voie qu'il explore depuis lors, celui qui a modifié les perspectives d'un genre, d'une discipline, d'une approche. À ce titre, mesuré selon l'échelle propre à leur domaine, *La France de Vichy* de Robert Paxton a été pour les historiens contemporains l'équivalent, pour nombre de romanciers, de la découverte du monologue intérieur chez Joyce.

L'éditeur qui, dans une politique de catalogue, accompagne la gestation et la croissance de l'œuvre d'un auteur, suit de près un cheminement qui s'organise depuis le travail matriciel, qui est le vrai commencement intellectuel, à travers les livres qui en découlent ensuite, souvent délestés dans leur écriture des tâtonnements et échafaudages du début, et qui paraissent d'autant plus lisibles par un plus large public.

Mais le plus souvent, la marchandisation occulte le passé, ignore la capitalisation des acquis d'intellection, voue un culte effréné au présent immédiat et fait croire que le neuf matériel équivaut à la nouveauté intellectuelle. Le dernier ouvrage paru sur un sujet est nécessairement d'une importance supérieure à l'ouvrage d'hier qui est pourtant le socle de toutes les études, recherches, synthèses depuis lors. À la grande tombola de l'instant, il faut être bien vertueux pour refuser d'acheter son ticket.

La pire des conséquences de cette confusion entre le neuf et le récent demeure, pour l'éditeur de sciences humaines et sociales, le renforcement du circuit d'édition à deux vitesses que nous avons décrit. À son catalogue, l'éditeur publie des ouvrages dits savants, précieux dans leur arpentage minutieux d'un lieu, d'une question, d'un événement. L'ouvrage rencontre son petit public naturel, les spécialistes, les universitaires curieux et les honnêtes hommes. Ainsi, pour ne prendre que des exemples récents, une étude sur le massacre d'État des manifestants réclamant la paix en Algérie, le 8 février 1962, au métro Charonne (Dewerpe, 2006 : 646-669), montre, archives en main, que longtemps la mémoire de cet événement a coexisté avec celle de la journée du 17 octobre 1961, au cours de laquelle la même police du préfet Maurice Papon balança à la Seine des manifestants algériens, faisant un nombre de victimes précisément indéterminable. Il n'empêche : l'essayisme marchandisé, drapé dans les couleurs de l' « anticolonialisme », pourra triompher demain encore au prétexte qu'il est le premier à violer le tabou du silence fait sur le massacre d'octobre 1961, alors que dès leur perpétration, des journalistes firent de vraies enquêtes sur ces massacres et dénonçant le mensonge d'État, ils donnèrent aux victimes une digne sépulture de papier.

Crier au « scandale » est aujourd'hui un des grands actes marchands, souvent gagnant sur les deux tableaux : l'ouvrage est relayé par la presse qui ne prend plus le temps de mener des enquêtes historiques ; et lorsque l'on fait remarquer que les dénonciations des méfaits de la colonisation, de l'esclavage ou des violations des droits de l'homme sont truffées, dans leurs notes, de citations, renvois, emprunts à des publications savantes – donc qu'on ne saurait soutenir valablement que du côté des institutions productrices de savoir il y ait eu silence et occultation systématiques –, la réponse, inéluctable, tombe : « ça ne compte pas parce que personne n'a lu ces ouvrages. » « Personne » s'entend ici non pas en termes de lecteurs effectifs, mais d'audimat à la grosse caisse médiatique.

L'obstacle jamais estimé à l'avance par l'éditeur de sciences humaines et sociales est le niveau d'écoute qu'un état social, qu'une société, à un moment donné, sont prêts à consentir à une voix qui entend porter loin, mais peut émettre trop tôt. Le cas de Raul Hilberg est exemplaire.

Cet historien a fixé, pour des générations et jusqu'à aujourd'hui, le cadre des recherches sur le génocide des Juifs par les nazis en déterminant avec son œuvre maîtresse, *La Destruction des Juifs d'Europe*, les étapes du processus criminel : la définition des victimes par décret ; l'expropriation ; la concentration ; les opérations mobiles de tuerie ; les déportations ; les centres de mise à mort. Né à Vienne le 2 juin 1926, ayant fui l'Autriche et gagné les États-Unis à l'été 1939, il se bat en 1944 en Europe dans une division américaine qui, en avril 1945, est cantonnée à Munich dans les bâtiments du parti nazi. Il découvre, dans des caisses abandonnées, la bibliothèque personnelle de Hitler. Il acquiert à ce moment la conviction nucléaire de ses travaux à venir : « Le massacre des Juifs ne constituait pas une atrocité au sens classique. Il était infiniment plus, et ce "plus" résidait dans le zèle d'une bureaucratie très élaborée et étendue.» La deuxième conviction fondatrice de la nouveauté foncière de sa recherche veut que : « la destruction des Juifs était une réalité allemande. Elle avait été mise en œuvre dans des bureaux allemands, dans la culture allemande. C'est l'exécuteur qui avait la vue d'ensemble. Lui seul formait l'élément déterminant, depuis la genèse de l'événement jusqu'à son point d'acmé » (Hilberg, 1996 : 57). Démobilisé, en 1946, il dépose un projet de thèse sur le génocide des Juifs par les nazis auprès d'un professeur de droit public et administration, Franz Neumann, lui-même réfugié allemand et qui lui prédit, perspicace, qu'avec un tel sujet il n'aurait aucun avenir universitaire. La vision du génocide en termes de processus mobilisant toutes les administrations et services, à chaque niveau, est fixée en 1952. Membre du War Documentation Project qui rassemble en Virginie tous les documents allemands saisis par l'armée américaine, Hilberg découvre dans ces derniers chacune des étapes administratives, policières, bureaucratiques, industrielles, ferroviaires, etc. du génocide. Il invente sa méthodologie. Si les procédures classiques de l'historien doivent s'appliquer, d'autres sont à créer à proportion même de la dimension extraordinaire de l'événement (type des sources matérielles, oralité des ordres décisifs, politique de destruction des témoignages, etc.). Comment exploiter des archives si on ignore les procédures de circulation de l'écrit au sein de la bureaucratie nazie ? Comment décrypter un texte selon que la réalité d'un fait est arasée par la banalité du langage administratif ordinaire ou occultée par les euphémismes d'un codage volontaire ? Comment utiliser un témoignage sans une réflexion préalable sur la différence de nature entre victimes, survivants et témoins ? Hilberg élabore une méthode d'exploitation des sources selon leur type (pièces verbales, pièces documentaires, pièces diffusées ou confidentielles, non diffusées, témoignages); leur composition (signatures, séries, format, annotations, archivage, témoignages); leur style (formules d'usage, formules spéciales, mots spéciaux, symboles, vocabulaire codé, enjolivures, etc.); leur contenu (détails, lacunes, ouï-dire, omissions, fausses déclarations, inexactitudes, etc.); leur exploitation (importance, caractère non échangeable, recoupement; possibilités d'exploitation : de la divulgation exceptionnelle à la rétention exceptionnelle). Son travail sans égal, distingué comme la meilleure thèse de doctorat de sciences sociales par l'université Columbia en 1955, ne paraît finalement qu'en 1959 à Chicago, chez Quadrangle Books, un tout petit éditeur qui se lance et imprime à l'économie. Toutes les grandes maisons d'édition sollicitées par l'auteur lui ont opposé un refus poli qui reflétait l'inintérêt pour ce sujet. Vient le grand tournant qu'est le procès d'Eichmann à Jérusalem, en 1961. L'Occident prend la mesure du génocide et redécouvre la notion de crime imprescriptible contre l'humanité, forgée pendant la seconde guerre mondiale afin de rendre possible le procès des dignitaires nazis qui aura lieu à Nuremberg au sortir de la guerre. Hannah Arendt couvre le procès pour le magazine américain *The Newyorker*. Dans la polémique que déclenche la publication de son reportage, elle se réfère pour le moins maladroitement à ce qu'elle a cru pouvoir retenir des travaux de Raul Hilberg. Ce revirement d'Hannah Arendt qui avait fait refuser son manuscrit par les Presses universitaires de Yale, en 1957, au prétexte qu'il n'apportait rien qu'on ne sût déjà, et, au plan international, la part qui va revenir désormais au génocide dans l'historiographie du régime nazi donneront enfin aux travaux de Hilberg un écho à la mesure de leur exceptionnelle dimension.

La chose vaut pour des sujets de moindre ampleur, qui seront quelque jour des succès de librairie. Mais selon des modalités que nous connaissons déjà, tant l'avenir de la marchandise dans son cycle de circulation est prédictible – de ce point de vue, l'avenir naîtra vieux : le sujet soudain connaîtra son heure, non pas dans la forme au dessin précis, aux contours étudiés, aux données fiables d'ouvrages de sciences humaines, mais dans celle d'une dénonciation, par un film ou un brûlot. Seront dénoncés un silence d'autant plus assourdissant que l'Université aura travaillé depuis des décennies sur le sujet ; un silence d'autant plus organisé qu'on ne saurait reprocher au public dont on attend l'acte d'achat salvateur de ne s'être aucunement préoccupé jusqu'alors du sujet ; d'un silence assourdissant et organisé par des puissances d'autant plus occultes que nul ne saurait les nommer faute d'avoir jamais existé.

Dans ces conditions, le premier défi pour l'éditeur, et non des moindres, est, en réalité, de faire vivre son fonds. C'est-à-dire de prendre la mesure la plus exacte possible des changements dans la vie scientifique (la recherche), intellectuelle (l'air du temps tel que soufflé, en partie, par les médias) et institutionnelle (la délimitation d'un corpus de textes et d'auteurs de référence par l'Éducation nationale et l'Université). Il convient qu'il sache exhumer de son fonds des textes dont il ne pourra paresseusement proclamer en quatrième de couverture leur « étonnante modernité contemporaine », mais bien au contraire qu'il donnera à lire, remis en perspective, comme autant de points d'inflexion, de rupture, voire de continuité au regard de l'état actuel des savoirs. Il revient à l'éditeur de préparer la réception de ces ouvrages par le public : ainsi, une reprise d'un texte dans une collection de grande diffusion se doit, de plus en plus, d'être une nouvelle édition, avec un appareil critique permettant de comprendre une pensée dans son contexte d'origine comme dans le contexte présent de réception par les nouveaux lecteurs.

On ne répétera jamais assez que, plus que tout autre, pour un éditeur soucieux de poursuivre l'édification d'un catalogue exigeant en termes de savoir, à l'ère de la marchandisation, la vie du passé, c'est-à-dire la force de son fonds, se décline au futur. Un fonds se conçoit non pas dans la contemplation d'ouvrages momifiés, mais dans l'esquisse de la voie qu'il reste à parcourir à des textes encore vivants. En sorte que plus la part du fonds est grande dans l'activité d'un éditeur, plus celui-ci doit s'inscrire dans la prospective et deviner ce qui, demain, constituera le corpus intellectuel et le corpus universitaire des références obligées. Comment en décider, sinon en s'inscrivant à chaque instant dans l'optique qu'un texte que l'on retient ce jour sera un ouvrage qui devra, par ses seules qualités, vivre après-demain sa postérité une fois versé demain dans le fonds ?

Au regard de cette préoccupation constante de la longévité dans le temps à venir, la première constatation est bien que désormais, la valeur d'un manuscrit n'est plus saisie dans l'absolu de ses qualités intrinsèques, mais dans la relativité du catalogue où il trouvera place. Aussi bon soit-il, un texte peut ne pas être retenu faute de s'inscrire dans une logique éditoriale ou parce que l'éditeur aura le sentiment qu'il ne saura le porter en librairie. C'est-à-dire, pas simplement l'éditer et lui trouver forme matérielle, mais le doter d'une existence autonome grâce à sa circulation parmi des acheteurs, grâce à son inscription dans l'horizon d'attente des lecteurs. L'éditeur esquisse lui-même pour les lecteurs potentiels un début de réception critique immédiate : il cultivera, dans ses collections, des résonances entre des textes, des échos entre des auteurs, des rebonds entre des idées. C'est toute la différence entre les collections de livres de savoir au sein desquelles des ouvrages répondent au souci d'une même exigence mais cultivent des désaccords entre eux, et les collections de courts essais où les ouvrages déploient une unicité de ton dans leurs réquisits et leur démonstration.

S'il est bien une vessie que l'éditeur porte haut comme une lanterne, c'est « la demande sociale » : en dehors des programmes des concours, qui dictent ponctuellement une prescription très ciblée sur quelques ouvrages référencés dans des bibliographies officielles, il n'existe pas, en sciences humaines, d'étude de marché qui révélerait une « demande sociale ». La « demande sociale » de plus en plus souvent évoquée est au mieux une de ces plaisantes faribôles que l'éditeur s'invente *a posteriori* pour expliquer vainement les raisons d'un succès. D'autant que nombre confondent succès de vente et « demande sociale ». Cette dernière ne se mesure pas en temps – le nombre de semaines qu'occupera un titre sur une des nombreuses listes hebdomadaires des « meilleures ventes » – mais en profondeur. Elle est ce mouvement qui, au fil des ans, prend de l'ampleur, s'étend, fait irruption à la surface de l'écume des jours brassée par les médias, parfois grâce à un ouvrage qui caricaturera à outrance pour gagner en sonorité sur les plateaux et dans les tribunes libres, et qui de nos jours est très souvent une demande de reconnaissance d'identité. Ce sera, par exemple, à travers la question de l'esclavage, de la déportation transatlantique de populations entières au profit d'une économie esclavagiste de plantations, la réclamation d'ordre moral par des communautés de citoyens qui se vivent comme de second rang, qu'une place spécifique leur soit enfin faite avec justesse et justice dans un grand récit national plus qu'avare d'éclairage sur ses zones d'ombre.

Cette « demande sociale » a un impact éditorial double : s'appuyant sur des pans de savoir bâtis par l'Université et la recherche dans le silence de l'étude et de l'enquête, elle leur donne une visibilité dans l'espace public que celui-ci ne leur avait pas encore reconnue. Car, on ne le répétera jamais assez, *paraître n'est pas apparaître*, le savoir n'est pas nécessairement relayé dans l'espace public par une dissémination de connaissances. Un livre de sciences humaines et sociales peut être vu sur des tables ou dans des vitrines de librairies, il n'aura d'existence en terme de connaissances, d'éléments d'une culture générale médiane d'une société, que s'il est publiquement vu, c'est-à-dire au niveau de la société, des médias et de l'enseignement si ses propositions sont entendues, voire écoutées. Le deuxième effet sur le livre d'une « demande sociale », ce sera, par l'impulsion de recherches nouvelles et l'implantation dans l'espace public de thèmes, veines et sensibilités spécifiques, l'ancrage d'une production, souvent cataloguée comme « une mode », dans les différents champs éditoriaux : roman, poésie, biographie, étude historique ou autres.

On voit donc qu'à l'ère de l'accélération de la circulation des idées réduites à des biens de consommation courante, tout éditeur devrait afficher fièrement la devise : « Attention sciences humaines, prenez, toute affaire cessante, le temps de lire ! »

## 35 *J'imagine à vous entendre que, pour les tenants des critères de la gestion marchandisée, les traductions coûtent trop cher ?*

Le Dictionnaire des idées reçues de l'éditeur s'est enrichi de la récente contribution de duettistes : la Gestion proclame que « les traductions ne se vendent plus à cause des professeurs et des étudiants », pendant que l'Université susurre « traductions : manques intellectuellement scandaleux du fait de la frilosité des éditeurs devenus des mercantis ».

Le problème de la traduction en sciences humaines est devenu, ces dernières années, un pont aux ânes : l'éditeur jure ses grands dieux que c'est à sa volonté défendante qu'il renonce à traduire des ouvrages exigeants.

Rappelons à très gros traits le contexte d'intelligence dans lequel s'inscrit toute politique éditoriale de traductions. Depuis Friedrich Schleiermacher, et sa conférence *Des différentes méthodes du traduire* prononcée, le 24 juin 1813, à l'Académie royale des sciences de Berlin, la discipline dite traductologie balance entre la préférence donnée à la traduction qui restituera au plus près le rythme de la langue d'origine, ou un rendu des effets et des équivalences de la langue d'origine dans la langue du lecteur : « Mais alors, quels chemins [...] prendre [...] ? À mon avis, il n'y en a que deux. Ou bien le traducteur laisse l'écrivain le plus tranquille possible et fait que le lecteur aille à sa rencontre, ou bien il laisse le lecteur le plus tranquille possible et fait que l'écrivain aille à sa rencontre. [...] La première traduction est parfaite en son genre quand l'on peut dire que, si l'auteur avait appris l'allemand aussi bien que le traducteur le latin, il aurait traduit son œuvre, originellement rédigée en latin, comme l'a réellement fait le traducteur. L'autre, en revanche, ne montr[e] pas comment l'auteur aurait traduit, mais comment il aurait écrit originellement en allemand et en tant qu'Allemand [...] » (Schleiermacher, 1999 : 31-57). C'est là, résumée, la dialectique de la langue source et de la langue cible.

Un éditeur, lorsqu'il décide de traduire un ouvrage, ne pose pas la question de la langue comme un absolu. Il n'est, à notre connaissance, nul éditeur de sciences humaines qu'aurait saisi l'idée de lancer une collection strictement de sciences humaines allemandes ou anglo-saxonnes (ce dernier exemple paraît battu en brèche par certaines collections récentes et dédiées à des ouvrages uniquement d'Amérique du Nord). Mais il aura eu, si nécessaire, la sage initiative de créer des collections de littérature allemande, anglaise ou américaine, voire de jouer sur la nationalité de l'auteur dans le cas de la littérature policière afin de piquer la curiosité des lecteurs.

Dans un cas, c'est un univers linguistique, culturel, sensoriel, paysager qu'il s'agit de faire découvrir avec l'espoir qu'au creux de sa spécificité cultivée, exposée, revendiquée, existent des personnages à dimension universelle ; dans l'autre, l'ambition est de se servir de la spécificité du médium de la langue nationale pour accéder à l'universalité de propositions logiques ou d'articulation de valeurs qui trouvent place dans le fonds commun de l'humanité.

En sciences humaines, ce n'est pas la langue, mais l'horizon redessiné qui d'abord importe. Ce qui signifie – le point est essentiel – qu'un éditeur prend sa décision de faire traduire un livre sur la base non pas d'une traduction, mais de *deux* traductions. Plus exactement d'une *double* traduction. Il part non seulement du problème soulevé par le texte source pour envisager le meilleur texte cible rendu en français, mais il part également d'un contexte source d'énonciation pour essayer de le transférer dans le contexte cible national. Sa décision de traduire un livre se fonde donc sur l'obligation, pour le bon commerce des idées, d'inscrire l'ouvrage dans un *corpus*.

Le corpus, c'est d'abord son catalogue d'éditeur (de quelle manière l'ouvrage entrera en résonance, en écho avec des ouvrages déjà publiés et qui tracent l'identité de sa maison d'édition). Mais ce petit corpus commercial n'est que l'élément d'un corpus plus général, qui est le corpus intellectuel dont la trame est celle des tropismes nationaux (culturels, institutionnels, médiatiques aussi). Se trouve alors posée la question qu'*a priori* l'éditeur ne maîtrise pas, de la manière dont l'ouvrage qu'il a décidé de traduire et publier sera entendu par la communauté scientifique, rendu audible par la réception critique, relayé et prescrit, enfin, par l'institution universitaire, scolaire ou de recherche. Tout ce qui, en d'autres termes, transformera le livre d'aujourd'hui en une source et une référence pour demain.

**36** *Comment l'éditeur peut-il inscrire un ouvrage étranger de savoir dans le contexte intellectuel français alors que les sciences humaines, voire sociales, tendent de plus en plus vers l'essayisme ?*

La double traduction que nous venons de décrire pose le problème du *biais* que l'éditeur doit inventer dans certains cas. Prenons un exemple récent.

Lorsque Jürgen Habermas publie en 1992 *Faktizität und Geltung. Beiträge zur Diskurstheorie des Rechts und des demokratischen Rechtsstaats*, la communauté philosophique en Allemagne reçoit l'ouvrage comme une étape essentielle dans la démarche de l'auteur. Icône de ce que l'on a appelé « la deuxième école de

Francfort », Habermas entend refonder la critique de la domination et la théorie de l'émancipation autrement que sur la seule Raison. Hegel avait persuadé que le siège de la Raison était dans l'Histoire. Le siècle passé et son cortège de guerres mondiales et de génocides répétés interdisent à jamais une telle conviction. Le cadre philosophique de l'Allemagne se définit prioritairement par le régime – démocratique, fédéral – du pays et non plus par une continuité historique d'une seule coulée, puisque son identité nationale est à repenser en termes moraux, à partir d'un crime qui pèse en héritage pour les générations à venir et dont, pour autant, elles ne seront pas comptables. C'est ce que Habermas appelle un « patriotisme constitutionnel ». Plus largement, il pose l'activité communicationnelle comme originairement constitutive de la société : permettant la compréhension intersubjective grâce à laquelle sont précisés, définis des normes sociales, des valeurs, des rôles nécessaires à toute communauté, cette activité est ce sans quoi il n'y aurait pas même de société possible. Or l'État de droit, objet du patriotisme constitutionnel, est écartelé entre ses normes et les faits (c'est le titre en allemand), soumis, par les impératifs économiques et politiques, à une instrumentalisation fonctionnelle croissante. Dès lors, il s'agit de penser l'écart existant entre morale et droit, de préciser le concept normatif de politique délibérative et de fonder un nouveau paradigme du droit, par-delà ceux, épuisés, du libéralisme et de l'État-providence. C'est ce qu'engage le sous-titre allemand.

Le contexte français était, à l'époque, plus soucieux encore de la question des droits subjectifs et de la constitution du lien social : des thèmes abordés par Habermas lorsqu'il traite dans l'ouvrage des défis que le droit et la démocratie doivent relever – de la limitation écologique de la croissance économique à la disparité croissante des conditions de vie entre le Nord et le Sud, de la liquidation du socialisme d'État à la prise en compte des flux migratoires internationaux, de la limitation des souverainetés nationales à la recrudescence des guerres ethniques et religieuses. C'est donc sur la nécessité, posée par Habermas, de revivifier ce que l'État de droit démocratique peut avoir de radical dans sa ressource véritablement menacée – une solidarité sociale, assurément garantie par les structures juridiques mais qui constamment doit être régénérée – que le titre de l'édition française a insisté : *Droit et démocratie. Entre faits et normes* (1997). D'emblée, l'ouvrage a reçu un écho important dans le débat français, où il venait s'inscrire comme à son heure, permettant ainsi qu'à partir de questions du jour, il trace d'autres perspectives, ouvre sur d'autres traditions, esquisse d'autres angles d'approche.

Ce n'est qu'un exemple parmi des dizaines possibles de traditions, écoles, auteurs et ouvrages dont on sait qu'ils ont été, sont et seront traduits en France parce que l'étape qu'ils ont représentée dans leur contexte d'origine devient, en termes d'histoire comme de généalogie, nécessaire dans un corpus qui s'ouvre à l'intelligence de questions nouvelles. Un corpus qui, en quelque sorte, peut enfin *entendre* ce qu'il donne à *lire*. En cela, pour s'en tenir aux termes employés par Schleiermacher, on devine en quoi le rôle de l'éditeur diffère de celui du traducteur. S'inscrivant dans le temps long de la maturation d'une œuvre et de la construction d'une réception, l'éditeur de sciences humaines est comme un marathonien qui n'a de cesse d'aller de l'auteur au lecteur, du lecteur à l'auteur. Des problèmes et des pensées qui lui sont proposés dans une langue étrangère, il doit seul conclure à la possibilité ou à l'impossibilité qu'il ressent dans l'immédiat de les traduire et les imposer dans le corpus et le jeu de références de la communauté scientifique et intellectuelle hexagonale. L'éditeur ira donc de l'un à l'autre, mais à la différence de Schleiermacher, avec l'ambition de ne laisser ni l'un ni l'autre tranquilles.

## 37

*Je vous devine : la meilleure forme de résistance à la marchandisation serait le fameux « catalogue » ?*

Parmi les marges de manœuvre dont dispose l'éditeur, il nous paraît incontestable que le catalogue est la plus essentielle. Dans le cadre de la marchandisation qui impose une temporalité unique (l'immédiat sans lendemain), le catalogue oppose la résistance active du temps conjugué au passé, au présent et au futur. Face à l'accélération, il oppose le rythme assuré de sa lente construction, la masse de sa solidité.

La longévité d'un catalogue, c'est la conjugaison d'une logique de consécration d'un auteur dans son parcours (les collections de courts essais en font partie), mais aussi d'une logique de découverte d'auteurs, donc de tons, nouveaux – ce qui se joue le plus souvent dans des ouvrages de recherche. Cette conjugaison des deux logiques, donc de deux registres commerciaux, l'éditeur ne pourra la mener à bien, en aval, que grâce à la proximité, qui est propre à certaines maisons d'édition indépendantes, entre l'éditorial et le commercial. Cette proximité se traduit d'abord par l'importance des outils comptables mis à la disposition de l'éditeur qui peut ainsi intégrer toutes les dimensions économiques à ses décisions en sorte que l'éditorial garde, dans ces maisons, son antécédence sur la diffusion et la distribution. Elle permet de moduler autant que faire se peut, en accord avec les équipes commerciales, les mises à l'office selon les librairies et leurs niveaux. C'est ici, selon la nature respective des livres – synthèses pour aujourd'hui ou analyses pour demain –, que se joue en vérité ce qu'il est convenu d'appeler la péréquation. L'idée, malgré l'opinion courante, n'est assurément pas, au sein d'une hypothétique « politique éditoriale commune », de faire en sorte que la littérature verse des aides aux sciences humaines et sociales qui seraient des danseuses. Elle est de viser le meilleur équilibre possible au titre, plus encore qu'à la collection, par des échelles de droits d'auteur spécifiques, par des tirages calculés selon les espérances des ventes dans le temps, par des mises en place au plus près des clientèles potentielles. En conséquence, l'éditeur a une bataille à mener, essentielle pour l'avenir, où qu'il soit lui-même – dans un groupe ou indépendant : que la distribution soit un outil en aval de sa production, qu'elle ne soit pas un facteur de décision éditoriale en amont.

La partie est loin d'être gagnée. Nul ne sachant vraiment de quoi demain sera fait, chacun a néanmoins la conviction qu'à l'heure actuelle, les dispositions législatives pour la sauvegarde de la librairie, par le prix unique notamment, ou pour la protection de la propriété littéraire sont autant de garde-fous qui préservent, de l'aval vers l'amont dans la chaîne du livre, l'égalité de traitement commercial des ouvrages de tous types. Cette protection a fondé l'assurance pour l'éditeur qu'il peut travailler avec l'aide des libraires sur les échelles éditoriales du temps qui constituent son catalogue. Cette alliance d'intérêts objectifs est nécessaire, elle n'est pas en soi une panacée. L'analyse concrète de sa situation concrète conduit l'éditeur à deviner des guerres futures qui se joueront dans la distribution. Ce dernier secteur nécessite des investissements informatiques et matériels toujours plus coûteux pour maintenir à la baisse le coût du traitement électronique d'une commande. La rentabilité des chaînes de traitement a pour enjeu de répartir les frais de fonctionnement entre un plus grand nombre de maisons d'édition. Celles-ci seront soit rachetées par le groupe d'édition/ diffusion/distribution, soit attirées par des conditions particulières (plus faible rémunération du distributeur). En d'autres termes, investissements plus conditions attractives faites aux nouveaux arrivés conduisent à ce que la marge du distributeur soit assise sur un changement d'échelle dans ses activités à l'unité : il faudrait qu'une même commande porte non plus sur 2 ou 3 exemplaires, mais sur 150 ou 300. La chaîne de distribution physique du livre – du rayonnage au camion livreur du carton ou de la palette – pèse de tout son poids devenu *financier* pour que chaque éditeur tourne en surrégime, grâce à des ouvrages qui se coulent dans ces critères quantitatifs. C'est en cela qu'aujourd'hui les canaux de la distribution deviennent *aussi* des facteurs de choix éditoriaux, très en amont. La guerre a-t-elle déjà été perdue par l'éditeur ? Nous n'en sommes pas convaincu.

 *Si l'éditeur a pour arme le « catalogue », la clé de sa pérennité est-elle l'homogénéité ou la cohérence ?*

Le catalogue, s'il est le levier qui peut encore soulever une résistance à la marchandisation, nécessite un point d'Archimède. C'est ici que l'on retrouve la mise en écho de titres au sein d'un même catalogue que nous évoquions il n'y a guère : celle-ci ne concerne pas uniquement les lecteurs potentiels, elle aide les libraires à trouver dans leur expérience antérieure des points de comparaison avec d'autres titres aux ventes apparemment modestes, mais qui, sur les années, ont réalisé au cumul de vrais scores.

Mais les résonances entre les titres au sein d'un catalogue de sciences humaines et sociales, comme pour les collections de littérature exigeante, ne signifie pas une homogénéité de pensée, voire, comme dans les années soixante et soixante-dix, une homothétie des formats rhétoriques, des styles de pensée et des modes d'écritures.

L'éditeur oppose à la marchandisation son identité intrinsèque : être un jongleur des temporalités. À ce titre, il est dans l'obligation d'anticiper le coup d'après. Le coup d'après, c'est le moment où les objections portées à un ouvrage d'importance, qu'il vient de publier, feront coalescence au point de marquer plus précisément la place et la portée de cet ouvrage dans les usages intellectuels et sociaux qui pourront en être faits. L'éditeur cernera les probabilités que le débat porte sur tel thème reformulé, déplacé, réaménagé, plutôt que sur tel autre. Et il travaillera à ce que ce débat, né d'un ouvrage qu'il aura publié, soit aussi porté par un autre ouvrage qu'il publiera. Inscrivant ainsi la collection comme espace de pensée, définissant à son niveau les modalités éditoriales du débat, maîtrisant alors les formats des argumentations : petit essai contre fort traité, référence contre chevau-léger, il aura dans sa main une partie des cartes et donnera aux enjeux du débat dignité, poids et densité autre. Et si les médias s'en mêlent, ils transcriront alors, au regard de l'argumentation développée par les auteurs et déployée par l'éditeur dans la sphère écrite, ces sujets selon les règles de leur grammaire intrinsèque : la conjugaison du divertissement, la déclinaison du spectacle.

Anticiper le coup d'après, pour un éditeur, c'est raison garder et garder la main contre le moment où un ouvrage qu'il a publié devient, de manière dérivée, la source d'une nouvelle doxa. À ce moment clé, l'éditeur ne doit pas se féliciter du succès de l'ouvrage en termes de bruit, c'est au contraire l'annonce qu'en termes de compréhension des choses, la carrière de ce même livre est terminée.

Il n'y aura donc pas d'homogénéité des propositions d'un ouvrage à l'autre, mais, dans un même catalogue, à tout le moins cohérence de l'exigence de pensée, d'écriture et de projection vers l'avenir.

**39** *Et si l'éditeur renonce, et se contente du succès intellectuel et commercial d'un de ses ouvrages, qu'a-t-il perdu? Rien finalement...*

Est-ce si sûr? L'épuisement d'une doxa coûte à la communauté pensante du seul fait des points aveugles qu'elle multiplie, donc à l'éditeur qui, par là même, se prive de champs possibles de publication d'ouvrages dont l'originalité tient aux perspectives inédites qu'ils offrent – et qui, à leur tour, pourront devenir sources à succès de doxas nouvelles.

Un des exemples les plus parlants est, sous cet angle, le destin de réception réservé à *Penser la Révolution* de François Furet. Lorsque paraît l'ouvrage, en 1978, le grand récit dominant qui raconte la Révolution française est étroitement national (aucune comparaison avec d'autres révolutions n'est jugée pertinente) et largement marxiste, au sens où le scénario s'en tient à la trame fixée par Karl Marx et résumée par Albert Soboul, maître des études révolutionnaires à la Sorbonne : « La société demeurait d'essence aristocratique ; elle avait pour fondements le privilège de la naissance et la richesse foncière. Mais cette structure traditionnelle se trouvait minée par l'évolution de l'économie qui accroissait l'importance de la richesse mobilière et la puissance de la bourgeoisie. » Telle était donc l'unicité de la Révolution : son « contenu spécifique qui est économique (anti-féodal et capitaliste), social (anti-aristocratique et bourgeois), et national (un et indivisible) » (Soboul, 1964 : 51, 558-560).

François Furet, lui, dote la Révolution d'une unicité autre : de part en part, ce fut un des plus grands événements *politiques*. Il restitue aux hommes leur part de liberté, donc de convictions chevillées à l'âme et non pas à leur situation de classe, d'initiatives dictées par ces convictions plus que par les rapports de production, d'erreurs et dérapages enfin, car l'histoire n'est pas la science de la nécessité écrite à partir de la fin et de ce qui a résulté des événements. Il pose comme fondamental le recours à l'histoire conceptuelle, saisie globale d'une période à travers un principe explicatif qui lui donne une cohérence maximale. Ainsi redécouvre-t-il doublement l'œuvre d'Alexis de Tocqueville. À *L'Ancien Régime et la Révolution*, paru en 1856, il emprunte la continuité historique de la Révolution à l'égard de l'Ancien Régime, là même où les révolutionnaires avaient affirmé leur volonté de bâtir à neuf. Tocqueville, pour qui « l'histoire est une galerie de tableaux où il y a peu d'originaux et beaucoup de copies » était persuadé d'avoir prouvé que la Révolution ne fit qu'achever, et le Premier Empire parachever, l'œuvre séculaire de centralisation autoritaire des rois de France : par son absolutisme, par sa volonté de retenir toutes les fonctions publiques, avec son art consommé de « diviser les hommes afin de les gouverner absolument », la monarchie nivela la société d'ordres. En abolissant les droits résiduels et symboliques d'une féodalité devenue inutile du fait de l'inféodation de l'aristocratie à l'État absolutiste, la Révolution ne fait que mettre l'état politique en harmonie avec l'état social.

Pourquoi cependant en France, dès 1789, la passion pour l'égalité l'emporte-t-elle sur celle pour la liberté, lorsque, selon Tocqueville, « les Français ont fait le plus grand effort auquel se soit jamais livré aucun peuple, afin de couper pour ainsi dire en deux leur destinée, et de séparer par un abîme ce qu'ils avaient été jusque-là de ce qu'ils voulaient être désormais […]. [Ils] furent assez fiers de leur cause et d'eux-mêmes pour croire qu'ils pouvaient être égaux dans la liberté » (Tocqueville, 2004 : 43, 45) ?

De cette question vient le deuxième usage de Tocqueville par François Furet. La réponse tient dans une relecture du grand œuvre du même Tocqueville, *De la démocratie en Amérique* (1835).

1789, Révolution résolument politique, prétend refonder la société hors de toute transcendance et régénérer l'homme par l'institution d'un véritable contrat social. En cela, la Révolution française diffère de l'anglaise, mais plus encore de l'américaine. Ces deux dernières se voulurent des œuvres de restauration d'une tradition retrouvée – la *common law* – largement inspirée par Dieu. Elles posent donc à la fois leur continuité historique et l'inspiration religieuse du politique. La Révolution française, elle, brise le cours de l'histoire, se veut un commencement absolu de temps nouveaux et la rupture avec la religion. Elle est donc un événement sans terme possible, puisqu'elle ne vise pas à renouer avec une tradition dont la restauration marquerait l'achèvement des ambitions ; elle est livrée à elle-même, au cours incessant des événements, des luttes successives des hommes, des factions et des clubs pour l'appropriation de la légitimité du pouvoir au nom d'un principe unique qui n'est, lui, jamais contesté : la souveraineté du peuple. La Révolution, qu'est-ce d'autre, selon Furet, que la volonté « d'arracher la France à son passé, condamné d'une seule pièce, et de l'identifier à un principe nouveau, sans jamais pouvoir enraciner ce principe dans des institutions » (Furet, 2007 : 84) ?

Au fil des ans, du fait de l'exposition de François Furet dans les médias, *Penser la Révolution* instille, dans le monde des journaux et de la télévision, une vision de 1789 dont les propagateurs prendront la partie pour le tout. Ce qui est passé dans le public, ce n'est pas la radicale nouveauté de la Révolution démocratique, tant américaine que française, c'est l'« exceptionnalité » de la Révolution française qui n'a pas suivi la voie américaine.

Cette référence indirecte à Tocqueville (n'exigeons surtout pas qu'il fût lu) est devenue dans l'univers de l'essayisme marchandisé, l'alpha et l'oméga de l'explication du tout, ses parties et leurs contraires. Cela s'appelle désormais « l'exception française », terme devenu le thermomètre de la paresse de penser, de l'ignorance de ce qui se passe au-delà des frontières, du sommeil dogmatique des chroniqueurs somnambules. Qu'est-ce que l'exception française selon les plus récents ouvrages ? Les OGM ou les grandes écoles, la Constitution de la Vᵉ République ou la Française des Jeux, le nombre d'accidentés de la route ou celle des promotions de l'ÉNA, le Minitel rose ou le Bottin gourmand, l'épreuve de philosophie au baccalauréat ou le taux de suicide des jeunes, le niveau de la dette publique ou les jurés des prix littéraires sous influence ? Cette liste, non exhaustive, n'a d'intérêt autre que de prouver à tout esprit raisonnable que l'« exception française » est un point aveugle. Elle ne peut rien expliquer, puisqu'elle pose que la Révolution américaine fut le grand référent historique de l'évolution de l'ensemble des pays démocratiques. Or il n'en fut jamais rien. Le pouvoir magique du gri-gri « exception française » n'est pas d'intelligence, mais de nostalgie réconfortante. Après le catéchisme marxiste-léniniste d'une Révolution française dont les promesses d'émancipation sociale auraient été tenues du côté de Petrograd, quand les bolcheviks confisquèrent par un putsch, en octobre 1917, tout le pouvoir aux dépens des Soviets, voilà que tous les jours nous est récité le nouveau catéchisme tricolore. Nouvelle ruse de la taupe franchouillarde, qu'elle soit libérale ou d'ultra-gauche, le catéchisme de l'exception française est une des lignes de force, transidéologique, du champ éditorial marchandisé. Essayistes téléprêcheurs ou radicaux sur l'Aventin du criticisme nord-américain, tous le brandissent. Les conservateurs ou les libéraux pour mieux goûter aux blandices de la dénonciation à tout va du déclin inéluctable de la France, mais un déclin exceptionnel, forcément exceptionnel puisque la France, en rien, ne saurait avoir d'égal ni d'équivalent. Quant à la gauche théoriquement radicale, pourfendeuse du moindre agissement du gouvernement américain, elle perd sa voix et sa raison dès que lui parvient le moindre indice du révolutionnarisme abstrait des campus d'Amérique du Nord, autonomes et financés par des dons du secteur privé, à la condition toutefois qu'elle y entende souffler l'inspiration par Derrida, Deleuze, Foucault, Lacan, Lyotard ou Bourdieu. Voilà recuits les plats exportés de France dans les années soixante à quatre-vingt. Devine qui vient dîner ce soir ? Nos grands auteurs sont de retour au pays !

Ce nouveau catéchisme prospère sur l'ignorance et le refoulement d'une historiographie qui, presque contemporaine de la Révolution, depuis Constant mais plus encore Guizot, examinait la Révolution française à la lumière de l'anglaise (dans ses deux moments, radical en 1645-1651, libéral en 1688). Elle voulait comprendre pourquoi, en quelque sorte, la France avait guillotiné son roi comme la première Révolution anglaise avait exécuté le sien, sans qu'elle connût, en revanche, une Glorieuse Révolution d'ordre parlementaire qui pût bâtir, en préservant l'aristocratie, une monarchie parlementaire bourgeoise, soucieuse des droits des individus et de l'équilibre distribué des pouvoirs. Guizot plaçait la Révolution française à la suite de la Révolution anglaise, il laissait à la France le soin de clore le cycle révolutionnaire européen en inventant une stabilité par la préservation des acquis de 1789 : « Suscitées par les mêmes causes, par la décadence de l'aristocratie féodale, de l'Église et de la royauté, elles ont travaillé à la même œuvre, à la domination du public dans les affaires publiques ; elles ont lutté pour la liberté contre le pouvoir absolu, pour l'égalité contre le privilège, pour les intérêts progressifs et généraux contre les intérêts stationnaires et individuels. Les moyens et les succès ont varié seuls ; la tendance était la même comme l'origine ; les désirs, les efforts, les progrès se sont dirigés vers le même but ; ce que l'une a tenté ou accompli, l'autre l'a accompli ou tenté. Telle est enfin l'analogie des deux révolutions, que la première n'eût jamais été bien comprise si la seconde n'eût éclaté » (Guizot, 1997 : 6).

Or, cette comparaison des deux révolutions est bien celle qui travaille la réflexion historique dans nombre d'autres pays, à commencer par l'Allemagne. On sait l'enthousiasme que la Révolution française suscita chez nombre de contemporains outre-Rhin : la chute de la Bastille chez Kant qui dévia sa promenade quotidienne pour acheter le journal, la bataille de Valmy chez Goethe qui y vit l'aube d'une ère nouvelle ; l'émancipation des Juifs par Napoléon chez Heine qui fut, jusqu'à la chute de l'Empereur, admis à l'Université allemande ; la Volonté générale rousseauiste, chez Fichte, qui d'une position désireuse de fonder la liberté et de bannir l'action injuste, évolua vers une forme d'absolutisme de l'État qui contrôlerait les marchands étrangers, bannirait l'immigration et frapperait une monnaie qui n'aurait cours que dans les limites de son territoire qu'il aurait au préalable redessinées par des guerres ; ou bien encore l'entrée des troupes françaises dans la bonne ville de Iéna où résidait Hegel, lequel n'hésitait pas à confier à un correspondant son enthousiasme, le 13 octobre 1806, veille de la bataille qui fut le tombeau du Saint Empire germanique, d'avoir vu depuis ses fenêtres « *l'Empereur – cette âme du monde –* chevaucher à travers la ville pour sortir en reconnaissance. – C'est en réalité une sensation merveilleuse de voir un tel individu qui, concentré ici en un point, assis sur son cheval, étend son emprise sur le monde et le domine » (Rosenkranz, 2004 : 376).

Cette prégnance de la Révolution française demeure telle, sur l'histoire de l'Allemagne, que dès les années soixante, une historiographie libérale se développe outre-Rhin, visant à comprendre la spécificité du nazisme. Elle pose la question de l'exception allemande, la « voie particulière » (*Sonderweg*) qu'aurait suivie le cours de l'Histoire en Allemagne. L'échec de la révolution bourgeoise, avec l'épisode raté du Parlement de Francfort, en 1848, ouvrit la voie à une unification des États allemands sur la base des valeurs autoritaires, aristocratiques et d'expansionnisme militarisé de la Prusse. Dans ce débat, la France et la Grande-Bretagne étaient convoquées pour expliquer qu'outre-Rhin il y ait eu la « révolution bourgeoise manquée » et la survivance de structures préindustrielles et néo-féodales ; ou bien pour expliquer les causes, dans une société aussi bourgeoise que l'étaient comparativement les sociétés française et anglaise, des singulières faiblesses du capitalisme allemand, et les nombreuses continuités structurelles de l'empire bismarckien au Reich du Kaiser, puis à celui de Hitler. La querelle a cessé, mais il en demeure la grande question comparatiste de savoir pourquoi, des trois grandes sociétés européennes « avancées », seule l'allemande opposa si peu de résistance au danger fasciste (Kershaw, 1997 : 55-58, 400-401).

La doxa de l'« exception française » fait encore moins sens quand s'établit, au niveau du continent européen, l'approche comparatiste. Tout au plus demeure-t-il des « singularités » nationales, tel le cours de la Révolution française, plus que la Révolution elle-même. La philosophie politique cherche désormais à les cerner grâce à l'approche généalogique du républicanisme. Il apparaît ainsi que, loin d'être uniquement français, le républicanisme, comme idée de liberté et non pas simple régime politique, a été étouffé par toutes les Révolutions occidentales, l'américaine comme la française, la hollandaise comme la britannique. Car ce courant radical reconduit à la manière la plus ancienne de penser la liberté politique : la liberté comme non-domination, c'est-à-dire comme l'absence de subordination à – ou d'interférence de la part de – une autorité susceptible de devenir arbitraire. Il réclamait l'extension de la citoyenneté au-delà de la communauté des possédants hommes, ce qui aurait conduit à octroyer à tous les citoyens – femmes et serviteurs – la liberté au sens ancien.

La question de la Révolution française n'est plus dès lors son « exceptionnalité » face à la Révolution américaine, mais l'éventuelle particularité de son républicanisme au regard de cette tradition inventée par la Cité libre grecque, nourrie par les Cités-États libres de l'Italie de la Renaissance ou la république de Hollande du XVIIᵉ siècle, portée par les courants antimonarchistes de la Révolution anglaise, les colons révolutionnaires de l'Indépendance américaine ou les courants radicaux de la Révolution française : Sieyès est-il fidèle au républicanisme lorsqu'il remplace le discours du peuple par celui de la nation ? L'insistance sur des notions aussi centrales que celle de peuple unitaire et de nation unitaire permet-elle de défendre l'objectif républicain de l'instauration d'une communauté et de l'accomplissement de l'égalité ? Quelle est la signification constitutionnelle de l'appel à une souveraineté du peuple ou de la nation; est-elle même compatible avec le fait de limiter ce qui pourrait être imposé suite au résultat d'une décision plébiscitaire ou parlementaire ? Si c'est le cas, le Conseil constitutionnel sert-il plus adéquatement cet objectif que le système américain de contrôle judiciaire (Pettit, 2004 : 9-16, 247-252) ? Comment également restituer la portée exacte du grand « moment républicain » que fut la défense, élaborée à l'époque de l'affaire Dreyfus par Henry Michel, Alfred Fouillée, Léon Bourgeois, Émile Durkheim et Célestin Bouglée, d'un régime qui n'avait guère à voir avec le lieu commun tiré de la lecture de Tocqueville, à savoir la supposée préférence des Français, au cours de leur histoire, pour l'égalité aux dépens de la liberté ? Tous entendaient, dans les conditions d'inégalité naturelle des êtres, élaborer un mode de répartition qui assure à chacun la même chance de vouloir et de faire par soi-même : l'être ensemble ne se définit plus par l'action commune, mais par la justice de son objet (Spitz, 2005 : 49-61).

La doxa médiatique de l'« exception française » à tout prix a en retour énucléé l'ouvrage de François Furet de son hypothèse explicative puisque pour finir, expliquer tout (de l'absence de féminisme radical à l'américaine en France, du fait de la sociabilité féminine par les salons au XVIIIᵉ siècle, à l'institution de l'avance sur recette et du statut des intermittents du spectacle), c'est ne rien spécifier. Le rôle de l'éditeur est, en un sens, de savoir quand et comment remettre la mise au pot, dès lors qu'il devine et anticipe l'épuisement probable d'un paradigme, alors même que ce dernier paraît triompher. L'éditeur a un privilège qui est sa carte maîtresse : pouvoir, s'il le veut, ne jamais confondre les succès d'un jour, aussi profitables lui soient-ils, avec ce que valent en vérité les succès – ceux-là même ou d'autres – qui pourront faire, ne serait-ce qu'à son catalogue, legs pour les ans à venir.

 *Les ans à venir, dites-vous. Parlons-en : l'éditeur peut-il espérer maintenir son rôle après le triomphe de la marchandisation ?*

Je vous sens pressé de me voir conclure. Je m'exécute et récapitule :

Un livre paraît, au premier coup d'œil, quelque chose de trivial et qui se comprend de soi-même. Notre analyse a montré au contraire que c'est une chose très complexe, pleine de subtilités économiques et d'arguties commerciales. En tant que valeur d'usage, il n'a rien de mystérieux, dès lors qu'il satisfait les besoins du lecteur par ses propriétés qui sont elles-mêmes le fruit du travail respectif de l'auteur et de l'éditeur

Mais la forme valeur et le rapport de valeur des produits du travail de l'auteur et de l'éditeur n'ont absolument rien à voir avec leur nature physique. C'est seulement un rapport social déterminé de l'édition au monde de la communication qui revêt ici la forme fantastique d'un rapport des livres entre eux.

C'est seulement dans leur échange que les livres produits selon les lois du marché de la communication acquièrent, comme valeurs, une existence sociale identique et uniforme, substituable d'un sujet à l'autre et distincte de leur existence matérielle et multiforme comme objets d'utilité. Cette scission du produit du travail de l'auteur et de l'éditeur en objet utile et en objet de valeur s'élargit dans la pratique : débordant le réseau des librairies traditionnelles et trouvant place dans la grande distribution et dans les points de vente des gares et des aéroports, l'échange a acquis assez d'étendue et d'importance pour que des livres formatés pour l'utilité dans l'univers de la communication soient produits en vue de l'échange. Si le sujet de tel livre ne convient pas, un autre lui sera immédiatement substituable, car tout autant pensé dans la forme et dans le contenu pour être une marchandise candidate à un fort échange. De sorte que le caractère de valeur de ces objets-livres est déjà pris en considération dans leur écriture et production mêmes.

Les trois paragraphes qu'on vient de lire, de tous les détournements de citations célèbres, lieux communs et autres clichés dont l'ouvrage est truffé pour le plaisir de son auteur, sont le plus long, mais également, à quelques qualificatifs près, le plus littéral. D'aucuns y auront déjà reconnu une des pages les plus célèbres du *Capital* de Marx, sur le caractère fétiche de la marchandise et son secret (Marx, 1965 : 604-607).

Trop de scénarios catastrophes ont, au cours des deux derniers siècles, prédit la mort du livre et de la littérature pour qu'on ne constate que ces deux-là ont une coriacité que n'ont pas les Pythies. Pourtant, le détournement de la citation de Marx vise à ne pas nous illusionner davantage : en économie globalisée, la frontière est pour le moins poreuse entre un aspirateur et un livre, entre un bien fonctionnel et un bien d'expérience. Dans les deux cas, l'économiste voit la production et la circulation d'un bien, quand l'éditeur aspire à préserver la dimension irréductible, à ses yeux, de son externalité, à délimiter la nature spécifique du résultat de son activité. Mais l'économiste est sûr de son fait, quand l'éditeur est assuré de ses doutes. Un seul scénario s'inscrit dans le registre du probable, l'extrapolation des tendances actuelles.

S'il entend maintenir son exigence et ne pas rendre les armes de demain sous prétexte de rendre à ses actionnaires les comptes d'aujourd'hui, l'éditeur ne doit pas se poser en seul chevalier blanc. Tout, dans la logique éditoriale ci-dessus retracée (temporalités, fonds vivant, part donnée au fonds sur les nouveautés, péréquation), laisse déjà deviner l'importance essentielle que prend, dans une politique éditoriale dite « exigeante » de littérature française et étrangère comme de sciences humaines et sociales, le rapport avec la librairie de qualité. Cette librairie, soucieuse d'une saine gestion à partir de la diversité potentielle des ventes des ouvrages, sait que rendre un fonds vivant n'est pas seulement le travail de l'éditeur (à preuve, les suggestions régulières des libraires concernant d'éventuelles réimpressions de titres manquants). Cela passe aussi, au-delà d'une simple gestion informatique des flux et de leur régularité, par une offre diversifiée à des lecteurs qu'ils invitent, par leurs conseils et leurs étals, à partir à la découverte de textes et d'auteurs absents des listes de prescriptions diverses, à commencer par celles des meilleures ventes. Sans une librairie de qualité, investissant dans la formation de son personnel, afin d'être réactive aux continuités intellectuelles qui assurent la pérennité des titres, comme aux inflexions nouvelles qui donnent leur chance à des créations originales, l'éditeur s'échinera à nourrir les rayonnages de son distributeur, pas les tables des librairies. L'éditeur publie un livre, mais idéalement le libraire est bien celui qui transforme le livre encore objet physique en un projet pour un lecteur à venir.

# 41

*La force de la marchandisation n'est-elle pas d'une grandeur telle que même les Quichottes y ont un rôle déjà prévu et écrit ?*

Assurément les Quichottes tiendront leur rôle dans la prise de vessies pour des lanternes. Mais parlons-nous bien des mêmes personnes ?

La concentration de nombre de maisons dans des groupes industriels, où l'activité éditoriale n'est qu'une composante parmi d'autres métiers, pousse à l'écriture de la suite plausible de ce scénario de la marchandisation triomphale : au nom des « synergies », nouvelles déités tutélaires des suppressions de poste et de l'éradication des originalités éditoriales, des groupes tout à la fois de communication, de divertissement, de presse, d'édition et de distribution, imposent au livre de renoncer à son propre modèle économique, défini par la pluralité des échelles de temps de vente, et de devenir, dans un modèle financier d'agrégats d'activités plurielles à la rentabilité plus immédiate, un pourvoyeur de contenu parmi d'autres pour l'ensemble des secteurs industriels.

L'éditorial, cédant à des contraintes exogènes, passera au service de la distribution dont la rentabilité gouvernera désormais. Il y a fort à parier que la littérature de qualité, étrangère comme française, la poésie et les sciences humaines, au sens le plus strict de la recherche intellectuelle innovante, finiront alors dans quelques maisons spécialisées, repoussées aux marges de la vie éditoriale reconfigurée par l'hyperconcentration – d'aucuns les appelleront des Quichottes. Ce pourrait être le triomphe de la littérature de capitulation et de son pendant, l'essayisme marchandisé, tous deux désormais formatés dans leur ton, leur écriture et leurs objets afin de donner du grain à moudre aux plateaux de télévision et aux émissions de radio, aux hebdomadaires et à leurs unes, aux studios de cinéma et aux maisons de production de leur bande-son, aux chaînes de magasins et à leur promotion commune du livre, du disque et de la vidéo – le tout, rêvons un peu, intégré au sein d'un même groupe.

Au temps pour le quart d'heure orwellien.

Par définition, l'éditeur doit accompagner son époque, puisqu'il entend faire connaître à ses contemporains ce qu'il juge le meilleur des recherches sur les évolutions du monde en cours ou de la connaissance que peut en avoir une certaine littérature, plus exactement une littérature certaine. En cela, il ne peut faire aucun droit à quelque nostalgie que ce soit. Il a obligation d'être pleinement dans son présent pour y concevoir, avec les auteurs, des ouvrages qui demain éclaireront avec succès ce qui appartiendra déjà au passé. Dans cet esprit même, de l'intérieur du processus de marchandisation, il peut peser pour que survive cet élément essentiel de son métier qu'est la péréquation.

Après tout, en un siècle, le capitalisme a sans conteste réussi à manger toutes les critiques, économiques, politiques, sociales, qui lui étaient opposées. Mais il les a avalées plus que digérées. Il a compris avant même l'essentiel des éditeurs que, dans cette activité économique sans demande sociale précisément quantifiable en termes stricts de valeur d'utilité et de valeur d'échange, il suffisait de créer artificiellement une demande qui serait plus cernable en ses principes. Il lui parut alors que, s'il fondait la marchandise-livre non plus sur son mode classique de production de singularité, mais sur son nouveau mode de distribution, la partie serait gagnée et la rentabilité du secteur modifiée à la hausse. Quitte à imposer à tout sujet singulier une écriture et un format tels qu'ils induisent désormais une équivalence généralisée entre chaque livre isolé.

La conséquence est idéologique, au sens de l'inversion de la réalité : cette rentabilité nouvelle est jugée universelle, car le principe d'écrire un livre à partir de son aval est posé comme applicable à tout ouvrage. Il n'en est rien. Mais le principe devant être sauvé coûte que coûte, c'est donc la réalité qui doit être dissoute. Un livre de savoir ne rapporte pas autant que les nouvelles exigences financières, de plus il n'atteint pas le plancher requis d'exemplaires à encartonner à la commande pour la rentabilité de la distribution ? À la trappe ! Mais ramené à 120 pages, ce livre – dont l'auteur, l'éditeur et les statistiques comptables vous garantiront, la main sur le portefeuille, qu'il est toujours le même tel qu'en lui seul la distribution et la communication le changent – est un autre : la preuve en est que les suppléments dédiés aux programmes télévisés lui consacreront trois lignes qui seront le nouveau sacre ; il vivra la saison qu'il mérite en librairies ou hypermarchés, sur les tables et les présentoirs, ayant par sa conception même renoncé à sa deuxième vie, celle d'un livre de références. Et les éditeurs de rejoindre le chœur des pleureuses, enterrant leurs collections de savoir, clonant les collections naines les unes sur les autres, et ne se réveillant pas encore de leur rêve, faute d'avoir saisi cette autre part de réalité : leur catalogue de demain sera un cénotaphe de type nouveau, doublement vide – désespérément vidé des ouvrages de savoir, mais tout aussi en peine d'aligner quelques rescapés des succès d'un jour qui ne peuvent s'inscrire dans la même durée qu'un ouvrage de savoir. Mais demain n'est-il pas un autre jour, celui où l'on découvrira que les gestionnaires et les éditeurs renonçants étaient, eux, les nouveaux Quichottes ? Ils auront lâché les proies qu'ils tenaient pour l'ombre projetée des taux de profit annoncés dans des livres d'économie qu'ils auront lus plus certainement sur le net que sur le papier.

 *Après tout, vous nous montrez que l'éditeur n'est pas le seul agent dans la production et la circulation du livre. Or il ne cesse de pérorer sur la fin du livre, la mort du commerce, quand ce n'est pas sur la nécessité commerciale faite à la pensée française de se refermer sur elle-même plutôt que de continuer à publier de trop coûteuses traductions. De quel droit, moral ou autre, occuperait-il seul l'estrade pour parler au nom des autres ?*

Ne nous racontons pas de fausses histoires. Le spectre de la marchandisation prend vie et chair chaque jour davantage. Il ne hante plus la scène éditoriale, il s'y est durablement installé et rêve d'être tout à la fois le régisseur, le trésorier, le dramaturge, le metteur en scène, le script et l'ouvreuse. Il sait déjà que l'éditeur se prêtera bon an mal an à la récitation du texte qu'il lui soufflera, de peur d'avoir à quitter la scène. C'est que le grand moment de la dérision suprême est arrivé : éditeur n'est plus une profession, c'est pour certains, très en vue, une activité sociale, d'ordre caritatif puisque la finalité est de transformer en écrivants un maximum d'amis et de relations. Ne nous échauffons pas la tête par un accès d'immodestie : cette activité est signalée, au titre des marques de notabilité, sur les cartes de visite après la Légion d'honneur et l'appartenance au Jockey Club.

Ces dernières années nous auront permis de constater des flux apparemment irréversibles : des postes prestigieux dans les cercles de décision des maisons d'édition ont été offerts à des personnalités venues d'autres sphères d'activités. Trois conclusions des plus simples peuvent en être tirées :

1. que ces personnalités ont été requises pour leurs qualités d'entrepreneur, supposant par là même que l'activité d'éditeur est désormais tenue pour un ensemble de tâches à coordonner selon la spécificité du secteur, laquelle doit être à ce point faible que le postulat d'un rapide apprentissage par observation participante paraît naturel ;

2. que l'on considère désormais que l'éditeur n'est pas en mesure de maîtriser l'édition : soit (mais les deux propositions ne sont pas exclusives) qu'il n'a plus par fonction la possibilité de saisir dans un tableau cohérent l'ensemble des contraintes de gestion ou bien qu'il persiste à les comprendre comme des outils et non pas des finalités ; soit que, par apprentissage sur le tas, il a fini lui aussi par aimer son métier et se rêve en chevalier blanc du texte contre tous les écrivants que taraudent les contractions de l'écriture. Or la passion pour le métier d'éditeur, au sens le plus originaire possible du terme, est aujourd'hui un signe de mauvais genre, sinon d'idiotie puisqu'elle prouve l'ignorance du nouveau souffle du moment : le renom d'une maison d'édition se mesure pour beaucoup au nombre d'occurrence ou de citations dans l'univers des médias, donc tout bon compte fait, au renom de l'auteur déjà connu et du président-directeur général qui, le temps d'un ou deux mandats, lui prêtera son nom. À l'heure de l'étiquetage du produit, la traçabilité du livre importe incomparablement plus que l'originalité de ses ingrédients ;

3. un bon éditeur, à l'aune de la situation que nous venons de décrire, sera tendanciellement un patronyme connu, disposant d'un réseau de personnalités influentes mais surtout, du fait de l'univers d'activité d'où il viendra, libéré de toute pesanteur pour faire évoluer le produit livre selon les nécessités du marché.

*3bis.* L'image de l'éditeur doit être à ce point professionnellement dégradée qu'au cours des décennies passées, aucun éditeur ne s'est vu, par exemple, proposer la direction d'une chaîne publique ou d'un hebdomadaire.

*3ter.* L'image de l'éditeur est à ce point dégradée, du fait aussi de sa complainte publiquement entonnée sur la nostalgie d'un âge d'or de la lecture et de la qualité de la production, qu'aujourd'hui la mode serait chez les auteurs à vouloir prendre un agent pour la défense de leur œuvre. Au prétexte que l'éditeur français ne propage pas son catalogue à l'étranger; or la langue française est, après l'anglaise, celle qui vend le plus de droits dans le monde afin que des titres soient traduits en langue étrangère (plus de 6 000 sont cédés annuellement). Au prétexte également de la défense des intérêts matériels des auteurs, lesquels ne paraissent pas mieux défendus par un agent qui ne travaille pas les textes avec les auteurs ni ne prend aucun des risques matériel et économique dans la fabrication, la diffusion et la distribution de l'ouvrage qu'assume l'éditeur. Ce dernier prélève une partie des gains générés par les droits secondaires et dérivés (cession à l'étranger ou en collections de poche, voire adaptation cinématographique ou théâtrale, par exemple), ce que fera également l'agent qui, lui, prendra 15 % de droits sur chaque exemplaire vendu en France. Dans presque tous les cas, l'auteur gagnera plus avec son éditeur qu'avec son agent (SNE, 2007 : 4-5), mais il n'empêche : la vérité de la calculette ne l'emporte pas, loin s'en faut, devant la force du mythe anglo-saxon de l'agent tant, après le roman dans les années cinquante et soixante du siècle dernier, c'est au tour de l'éditeur d'être entré inéluctablement dans *l'ère du soupçon*.

Pour le dire d'une formule sans concession aucune, être éditeur est une activité économique et culturelle qui, de Denis Diderot aux années d'après la seconde guerre mondiale, fut un *métier*, au sens où l'entendait Max Weber : il y entrait une part incontestable de vocation.

Des années trente aux années quatre-vingt-dix du XX$^e$ siècle, la part économique, puis financière prise par les bouleversements de l'émergence d'un marché de masse englobant, les uns après les autres, tous les types de biens culturels fit de l'édition non plus un métier, mais une *profession*. L'édition est alors régie par un ensemble de normes économiques et comptables communes, par des formats partagés du fait de l'enseignement de masse et d'une culture commune portée par des médias en voie d'homogénéisation idéologique.

Passées les années quatre-vingt, l'édition, de profession pleine et entière, est devenue un *milieu* : au sens non pas du règne des cliques et des gangs (les combinaisons d'intérêts croisés et les amitiés veules sont constitutives de l'histoire de l'édition depuis ses commencements), mais d'un écosystème. Circonscrit par le monde ambiant d'une tout autre nature qui cependant l'héberge et l'intègre dans son fonctionnement systémique, il y trouve une place productive spécifique (production de capital symbolique, de plaisir, de savoir comme de programmes télévisés ou de scénarios cinématographiques).

**43** *Si, à vous entendre, l'éditeur est un roi déchu qui, pour fuir ses responsabilités dans l'accélération du processus général de marchandisation, se proclamera roi nu, le parterre a peut-être envie que se baisse le rideau ?*

Éditeurs, si nous croyons encore que nous exerçons un vrai métier ; si nous savons que l'univers du livre est un legs qui ne nous appartient pas, qu'il est ce que certains théoriciens appellent « un bien commun » – raison pour laquelle la marchandisation et ses agents croient possible de s'en emparer facilement avec notre complicité –, fruit du travail d'Emmanuel Kant et Denis Diderot, Giambattista Bodoni et Firmin Didot, John Baskerville et Pierre-Simon Fournier, Louis Hachette et José Corti, sans oublier les auteurs terrorisant les éditeurs et leurs protes, tel Honoré de Balzac ou ceux engagés dans le droit patrimonial universel, tel Victor Hugo ; si, enfin, nous postulons que cet univers du livre est un héritage à nous transmis pour que nous l'enrichissions avant de le transmettre à d'autres, alors la partie n'est pas finie.

Il faut retourner contre la marchandisation ses propres principes, lui opposer une composition organique de ses profits globaux, qui misent, *aux mêmes catalogues, donc dans les mêmes maisons*, d'une part sur les ouvrages (romans populaires, confessions d'étoiles ou essais de connaissance allégée) qui peuvent devenir de vrais succès commerciaux, et d'autre part sur les ouvrages de fonds, de savoir, de connaissance littéraire ou scientifique, pour lesquels le temps long est la clé du succès.

Les ouvrages susceptibles d'être les meilleures ventes peuvent rapporter gros comme creuser d'impressionnants déficits en cas d'insuccès, car les avances consenties aux auteurs sont à proportion des espérances. Il faudra bien un jour rappeler haut et fort que les ouvrages de connaissance aident, dans la péréquation, à compenser les pertes inattendues des ouvrages de la première catégorie. Le solde débiteur des Mémoires d'une présentatrice de journal télévisé peut être épongé dans les comptes globaux d'une maison par ces ruisseaux pérennes depuis des ans que sont les profits générés par un essai sur la crise du modèle néo-synthétique ou par une belle édition des *Météorologiques* d'Aristote. Que l'énonciation de cette évidence surprenne laisse perplexe.

À l'heure de la marchandisation, pour assurer l'équilibre de la chaîne du livre, l'éditeur doit se battre sur le terrain de la marchandisation, la prendre au mot et lui montrer l'incohérence qu'il y aurait à ne pas gérer le livre, somme toute, comme un produit bancaire à risque.

Les banques assurent les taux de rémunérations de leurs produits financiers par une répartition des rendements selon un panel de différents supports dont les risques varient du simple au plus que double : actions, obligations, engagements sur des marchés fortement capitalistiques de technologies nouvelles, spéculations sur le marché à terme, les risques sont par ailleurs répartis, par exemple, entre la zone euro, la livre britannique et le yen. Si les banques l'entendent ainsi, pourquoi la marchandisation dans le monde du livre ne suivrait-elle la fanfare ? Que les maîtres des groupes répartissent à leur tour le portefeuille de leurs maisons diverses sur plusieurs types de livres et les réseaux de vente de toute nature se renforceront, autant que les systèmes de distribution qui gagneront de l'argent tout en redevenant des instruments au service du livre, que celui-ci soit écrit de l'amont ou de l'aval.

Cela n'est toutefois possible que si l'édition est demeurée, dans les préoccupations des nouveaux propriétaires, un produit financier en soi et dont la rentabilité serait assise sur la péréquation des risques et profits, des termes court et long. Or la grande figure de la marchandisation serait plutôt l'inverse exact : le produit financier à risque, mais aussi à haut rendement, est devenu la communication. Les taux escomptés de rentabilité sont fondés sur une répartition des types de rendement entre plusieurs activités au sein du groupe et l'édition n'est qu'une activité parmi d'autres – elle est d'ailleurs en général tenue pour l'équivalent d'une obligation désespérément stable et non pas une action éminemment rentable dans l'irrégularité même de ses cotations. Péréquation il y a, mais elle n'est plus interne à l'édition, elle joue à présent entre l'édition et les rendements des autres activités de communication. Le combat de l'éditeur sera long, sans être d'ores et déjà désespéré.

**44** *Je rêve ? Voilà maintenant la critique des armes de la marchandisation retournée en arme de la critique au profit du livre. Vous ne nous aurez épargné aucune banalité de la dialectique !*

Une analyse concrète de ce qu'est la situation concrète de l'éditeur ne peut être source de désespoir, renoncement et prophéties cataclysmiques. Nous vivons dans le présent et rien du fin mot de l'histoire n'est encore définitivement écrit, pour autant que l'éditeur refuse la servilité volontaire.

Deux ou trois choses que l'on sait, en effet, de la littérature et des sciences humaines laissent augurer que si nous sommes entrés dans l'ère de la marchandisation, toute possibilité d'y conjuguer la liberté de penser, d'inventer, de créer ne sera pas pour autant abolie. D'abord, la pensée sera toujours en excès par rapport à la marchandisation, elle sera en surplomb, la jugeant, la jaugeant, la démontant dans ses mécanismes. Même s'il se révélait dans un scénario-catastrophe que cette place ne se tiendrait qu'aux marges, elle existerait encore.

Ensuite, il y aura toujours un besoin vital chez nombre de se bâtir dans le retrait de la lecture égoïste, dans un festin singulier de mots et de sensations qui sont comme les cordes du violoncelle évoqué par Diderot et sur lequel l'archet de l'appropriation personnelle joue des partitions des plus intimes. Partie de la grande littérature romanesque et poétique du siècle tout juste dernier a pu fleurir dans les tranchées, les batailles, les prisons, les camps et sous les occupations. Pourquoi n'en irait-il plus de même à l'ombre des fétiches de la marchandise ?

Il est un principe sur lequel l'éditeur ne saurait céder, un point topographique aussi où il devrait se tenir. Toutes les émancipations sociales ont commencé dans ce que Jacques Rancière a si bellement appelé « la nuit des prolétaires ». C'est le moment où le sommeil cesse d'être le réparateur unique des peines diurnes, l'instant où, loin des divertissements organisés pour l'oubli abruti de ses conditions de travail, le pauvre a décidé de sortir du cercle tracé autour de lui par les dominateurs, et d'apprendre la vie grâce à la maîtrise de l'expérience esthétique. Cette expérience, il l'attend de l'apprentissage de la belle langue, de l'échappée belle dans des rimes qui soient siennes mais puissent claquer aux oreilles du bourgeois dans sa langue, son style, sa grammaire, bref tout ce capital symbolique que ce même bourgeois avait gardé pour lui seul afin de le faire fructifier comme signe éminent de sa distinction d'avec les pauvres (Rancière, 1981 : 9-10).

L'éditeur ne doit pas renoncer à cette part historique, constitutive de son rôle : il n'a pas, à la suite du sociologue, de l'anthropologue ou de l'émancipateur autoproclamé, à reconduire le dominé dans le ghetto que serait sa position dans le champ social, à l'enfermer dans l'exotisme de sa langue, ni à le maintenir dans l'ignorance des mécanismes occultes de sa condition afin que l'émancipateur devienne son nouveau maître en lui dévoilant les raisons de sa domination. Il a la chance, toujours historique, avec le livre, construit, écrit, pensé, de donner au lecteur, notamment le démuni, le non-doté, des possibilités de faire valoir son droit fondamental à vivre plusieurs vies, dont celle de la pensée, de l'intelligence des choses, de la compréhension du monde. Le devoir, en quelque sorte, de réaliser le cauchemar de Platon, qui espérait tenir à distance de la philosophie « nombre d'hommes [...] qui par leur nature sont imparfaits, mais qui en plus, parallèlement à leurs corps mutilés par la pratique de leurs arts et par leurs travaux d'artisans, se trouvent avoir aussi des âmes abîmées et estropiées par leurs vils métiers » (Platon, 1993, VI, 495 d-e : 328). Jusqu'à nouvel ordre, la supériorité du texte édité sur l'expression spontanée de la prise de parole par SMS ou Internet est l'élaboration d'une pensée qui entend représenter une part de réalité.

L'idéologie marchandisée fait des « quartiers », nouvel euphémisme pour ces faubourgs ouvriers qui effrayaient tant les bourgeois, le lieu où venir puiser de nouveaux tours de langage, sans chercher à modifier la réalité de citoyenneté de seconde zone que ces mêmes mots traduisent. Il est donc, dans les dîners, du dernier cri marchand de ne plus dire quatre-vingt-treize, mais « neuf trois ». La vraie subversion, le vrai pouvoir politique de la littérature, sera toujours de mettre un bonnet rouge au dictionnaire : non pas d'y cantonner, comme curiosités lexicales, des trouvailles de slam ou de rap, mais de faire advenir la réalité des misères sociales, économiques et affectives dans la langue même qui les tient à distance ou les euphémise comme si de rien n'était. (C'est un des enjeux littéraires de *Quatre-vingt-treize* de Victor Hugo.) En vérité, il n'est rien qui ne puisse devenir l'objet de l'industrie du divertissement qui croit savoir mieux qu'eux-mêmes ce que « veulent les vraies gens ». L'éditeur peut, lui, assumer un petit rôle dans l'advenue de la réalité brute au cœur de l'univers policé du beau langage, du beau linge, du beau monde.

 *Ainsi soit-il! Je vous ai suivi jusqu'ici, Éditeur, mais rien ne me prouve que cette* Défense et illustration *de votre métier n'est pas une fleurette que me conte votre esprit de finesse. Allons, l'heure est à l'esprit de géométrie, au numérique, à la Toile, au réseau! Que pèsent désormais vos feuilles de papiers à l'avenir putrescent?*

Il est temps que notre entretien parvienne à son terme, car par votre fait, nous voici rendus dans les parages de la prophétie, activité que j'abhorre.

Une fois encore, comme pour les critères de gestion, distinguons afin de commencer l'outil de la finalité absolutisée que d'aucuns voudraient nous voir confondre de sorte qu'un usage deviendrait un horizon d'existence, un mode d'emploi, une politique. Il faut toujours, lorsque la rencontre se fait avec des prophètes qui lisent l'avenir dans leur seule main, remettre l'ordre des choses sur pied – procéder à l'inverse des flux d'enthousiasme et ne pas perdre de vue qu'ici aussi l'anatomie de l'homme est la clé de celle du singe, que le réseau, avant d'être le fossoyeur annoncé du livre, est le révélateur de sa spécificité, le miroir de son unicité.

Côté outillage, la Toile permet à l'éditeur de bâtir une construction en quelque sorte pyramidale, dont le livre imprimé et publié est la base. L'éditeur n'a pas tardé à exploiter, au fur et à mesure des développements technologiques, les possibilités offertes par le réseau. Création d'un site; mise en ligne d'un catalogue;

consultation, payante ou gratuite, d'ouvrages du fonds épuisés et d'éditions du domaine public, d'index d'un corpus de revue, voire d'articles intégraux ; compléments à un ouvrage que sont des entretiens avec l'auteur, des dossiers de presse ou des bibliographies remises à jour ; impression en ligne à la demande – la liste des usages que l'éditeur a tirés de la Toile n'est pas exhaustive, à laquelle s'ajoute également le développement de la vente en ligne par des librairies virtuelles, et qui prend de l'importance notamment pour les ouvrages de sciences, humaines ou autres.

Partout cependant, où qu'il aille, la deuxième question, après celle portant sur la santé de son secteur, à laquelle n'échappe quiconque se déclare éditeur, est celle d'Internet. D'ailleurs, la question ne se fait jamais précise : est-elle celle de la mort annoncée du livre en général ? Plus précisément du livre de savoir ? À moins que ce ne soit l'éradication du livre par le téléchargement de parties de grandes œuvres littéraires sur le livre électronique, sorte d'ardoise magique de notre enfance, où les pages glisseraient les unes après les autres, sous les yeux distraits par le défilé d'images télévisées sur le portable, pendant que le MP3 greffé en oreillettes déverserait ses flots de décibels ? Un dérèglement simultané de tous les sens qui n'est pas exactement celui dont rêvait le poète.

L'imprécision de la question vient de ce que, quant au fond, elle n'ose avouer que, vu de loin, le numérique paraît sonner le glas du livre, de l'acte de lecture anthropologiquement constitutif de la tradition, de l'héritage et de l'identité des cultures dans ce que chacune a en propre et dans ce que toutes ont en partage.

Dressons donc l'acte de décès.

Le numérique est un rival du livre non pas par ses usages, mais par son épistémologie – ses modes d'intelligence, ses modalités de raisonnement, et demain, avec l'ordinateur quantique, ses usages d'un espace à $n$ dimensions. Le livre est une forme ancienne, fixée dans son architectonique depuis le milieu du XVIIᵉ siècle. Le numérique est un espace non encore stabilisé, il est porté par les promesses prométhéennes de la loi de Gordon Moore qui assura que la puissance des processeurs doublerait tous les dix-huit mois, entre 1948 et 2015.

L'espace numérique génère des formes en évolution, à proportion du développement de la puissance de ses outils. Trois décennies auront suffi à transformer les modèles informatiques du fichier en document, puis du document en programme. Trois décennies auront, dans le même temps, vu le livre évoluer lentement dans sa seule fabrication : les coûts et les temps d'impression ont diminué, la composition a été numérisée, en sorte que théoriquement le texte ne varie plus d'une édition à l'autre malgré le changement de ses formats, l'acidité du papier a diminué qui, pour le rendre plus blanc, ne l'en rendait pas moins fragile au regard de sa conservation à l'avenir.

Forme ancienne, le livre est unidimensionnel : son texte n'est plus susceptible de modifications ni de changement, une fois imprimé dans un volume ayant son propre numéro d'édition, alors que le réseau permet l'agrégation immédiate de données venues de divers points à un instant *t*. Cette communauté de savoir, du partage convivial des connaissances entre internautes immédiatement connectés a une apparente supériorité sur le livre et son lecteur.

Le lecteur semble replié sur l'apesanteur de son état particulier : déconnecté de son univers immédiat, matériel ou affectif, c'est comme s'il s'inscrivait de manière immatérielle dans un univers singulier, celui du livre qu'il lit, mais qui est aussi un univers unique : un autre que lui, au même instant, appréciera la même page, voire la même image, mais jamais leur expérience respective ne se recouvrira terme à terme. Le bonheur partagé n'est pas immédiat, il est second dans le temps, fondé sur la part dicible, partageable d'un dialogue premier de soi à soi qui fait qu'un lecteur investira une part de lui dans une émotion de lecture, littéraire ou autre. Avec le livre, le partage est toujours différé, jamais immédiat.

Du côté du réseau numérique, l'heure est encore aux promesses : on annonce des circulations instantanées dans une sphère qui pourrait être quantique et gagner ainsi en vitesse de transmission et en puissance de calcul par la création, selon les besoins, d'autant d'espace à plusieurs dimensions ; du côté du livre, l'éditeur sait qu'il est rivé, comparativement à la physique nouvelle du réseau, à une réalité très prosaïquement newtonienne, mais plus encore à la syntaxe figée des langages naturels.

Or ce décalage même, qui paraît condamner le livre à la survivance d'un Ancien Régime de l'intelligence, est la raison de sa vaillance et de sa perpétuation.

*Allons donc, un nouveau* Paradoxe sur l'éditeur ?

Pour ce qui est de porter le livre à la fosse commune, confions, si nécessaire, ce soin aux générations à venir, laissons ceux qui ne sont pas encore nés enterrer ceux qui ne sont pas encore morts.

Pour ce qui est de notre génération, l'évidence, à qui veut bien y réfléchir, s'impose que la nature du livre et celle du numérique sont deux polarités. Le livre devient la chose du lecteur par le déploiement d'une appropriation individuelle qui exige pour opérer pleinement un temps propre, voire un lieu particulier, vecteurs d'un travail sur le sens du texte qui est le fruit d'une intelligence en éveil, d'affects spécifiques, de choix et d'impulsions esthétiques aussi : combien de fois n'avons-nous pas ouvert et entrepris de lire un livre pour sa matérialité même, la distinction de sa typographie, les couleurs de sa jaquette ou de son dos toilé, l'odeur du papier, la sensualité de son toucher ? C'est ainsi qu'Octave Mirbeau, esprit qui cultivait l'individualisme, le goût de la singularité littéraire et aimait en conséquence à fustiger « les épiciers et menus détaillants de la littérature courante », se trouva un jour dans la délicate situation d'écrire un feuilleton sur un méchant romancier vendeur de couplets et intrigues moraux, simplement parce que l'ouvrage, dans sa présentation, lui avait ému les sens : « Un livre à couverture bleue, sur laquelle est gravé un dessin du regretté Carpeau, représentant une tête de jeune fille. Ce livre sort à peine de la presse, l'encre n'en est pas encore séchée, et les feuilles mouillent encore les doigts qui les tournent » (Mirbeau, 2006 : 59, 36).

Le numérique nous est vanté pour sa dimension créatrice de communautés – communautés d'appartenance, communautés de production collective de communication, voire d'information. Cette agrégation de communautés mouvantes se fonde sur l'immédiateté de la connexion, le présent de l'échange, mais surtout l'égalité apparente entre tous et toutes choses. Arrêtons-nous un instant à cette égalité ouverte des opinions dans les conversations numériques : elle n'est qu'apparente car dans la réalité, les pseudonymes révèlent la pleutrerie des commentateurs qui n'assument pas la nature de ce qu'ils viennent déposer dans un recoin – sinon comment expliquer le décalage très souvent insensé que l'on

observe entre les propositions d'un texte et les réactions qu'il susci-
tera, le plus généralement sans rapport de sens aucun, et qui vont
au pire du cri primal contre la sonorité du patronyme de l'auteur
du texte, au mieux, jusqu'à la dérive homonymique de nos jeux
d'enfance : l'auteur dit pied à terre, je réponds terre de feu, feu
follet et lait de vache.

Le livre, en regard, lorsqu'il a fait l'objet d'un *travail d'édition*, est une présentation hiérarchisée de propositions quelles
qu'elles soient, fictives ou scientifiques, visant à fonder la validité de
l'efficace d'un genre (roman ou démonstration d'une conjoncture
mathématique). Cette hiérarchie est revendiquée par un individu
qui l'a construite et en assume nominalement les réquisits comme
les effets. En cela, le livre renvoie à une construction de l'acte
d'intelligence des choses à partir du déploiement du syntagme,
de la phrase, de l'horizontalité. Le numérique est le royaume du
paradigme, du mot ouvrant sur un autre, de la consultation en
abyme, de la verticalité vertigineuse, toujours ouverte, où la réalité
ne se donne plus à saisir dans une phrase, mais, comme en géolo-
gie, dans une carotte creusée à la verticale d'un mot et qui vous
remonte des profondeurs des minéraux extraits de couches antérieures. La différence, mais elle est essentielle, est qu'historiens,
géologues, spécialistes de la faune, de la flore, de la pollinisation
commenceront leur travail d'intelligence et de reconstitution à
partir de l'examen de la carotte. L'utilisateur moyen du Net se
contentera de la carotte, prenant naïvement pour une vraie hiérarchie des éléments et facteurs de compréhension la hiérarchisation
des références qui lui est proposée le plus souvent sur la base du
nombre de visites à chacun de ces sites, ce qui est une information
nécessaire uniquement aux annonceurs publicitaires. N'idéalisons
cependant la situation ni dans un sens, ni dans l'autre : du côté du
livre, il existe foison d'ouvrages indignes sur le plan du style, indi-
gents sur celui de la pensée, misérables en leur présentation matérielle ; dans l'univers numérique, nombre de blogs font l'objet d'un
travail d'écriture, d'édition au sens du respect des règles élémentaires de la typographie (qui est, rappelons-le, un élément d'intelligence du texte), d'élaboration des propositions de pensée comme
s'il s'agissait d'un ouvrage de référence imprimé.

Surtout, le livre demeure le grand vecteur de l'intime – un
livre est d'abord lu, à son rythme, par un individu qui, dans un

deuxième temps, temps critique de reconstruction, voire de mise à distance, intègrera ses plaisirs et son intelligence du texte à la place qu'il définira, et que le temps rendra mouvante, dans le thésaurus de sa culture personnelle. Or cette culture est une large part de son identité. Rien n'égale la civilité de cette rencontre, si fortement décrite par Chardin dans son tableau *Un philosophe occupé de sa lecture* et qui a inspiré George Steiner (Steiner, 1997 : 14-36). La rencontre est d'ordre existentiel car un être s'engage dans une ouverture, dans une aventure. Il s'établit une relation fondamentale avec l'écrit. Ainsi le philosophe a-t-il revêtu, chez Chardin, un habit de cérémonie, tant la lecture est un acte de courtoisie à l'égard du texte, une entrée en commerce du lecteur avec un auteur et ses mots. Un habit, vraiment ? Pourquoi ne serait-ce pas plutôt la vieille robe de chambre à propos de laquelle Denis Diderot, l'inégalé Denis, a écrit de superbes « Regrets » : « Pourquoi ne l'avoir pas gardée ? elle était faite à moi ; j'étais fait à elle. Elle moulait tous les plis de mon corps sans le gêner ; j'étais pittoresque et beau. [...] Un livre était-il couvert de poussière, un de ses pans s'offrait à l'essuyer. L'encre épaissie refusait-elle de couler de ma plume, elle présentait le flanc. On y voyait tracés en longues raies noires les fréquents services qu'elle m'avait rendus. Ces longues raies annonçaient le littérateur, l'écrivain, l'homme qui travaille. À présent, j'ai l'air d'un riche fainéant ; on ne sait plus qui je suis » (Diderot, 1951 : 943).

Le lecteur s'est entouré de dictionnaires et d'autres volumes, car les mots lui arrivent chargés de tout ce que leur histoire contient en puissance, comme aimait à le rappeler Montaigne ; il a préparé sa plume, car la lecture est réponse à un texte, grâce aux annotations marginales, aux notes prises, aux citations relevées, à l'effort physique que cerveau, bras et main vont fournir pour isoler du livre des petits pans de texte jugés les porteurs remarquables d'un sens en quête duquel le lecteur se trouve. Peut-être même fera-t-il montre de cet « enthousiasme », capitulation de l'intelligence au profit des sens échauffés qui donneront alors naissance à ces « fantaisies » tant redoutées par les savants, tenants de la « physiologie de la lecture » ? Au premier rang des pourfendeurs d'une fantasmagorie se tenait William Harvey, passé heureusement à la postérité pour ses autres travaux sur la circulation sanguine (Johns, 1998 : 397-427).

Loin de la paresse de corps et d'esprit que signifie le « copier-coller » informatique, dans le silence de son étude, il va apprendre des passages par cœur, sur lesquels, lorsqu'il sera devenu lui-même écrivain, il fera fond. Cet apprentissage, par cœur ou recopiage, est un savoir tamisé par l'implicite de sa compréhension du passage, de la phrase, du mot peut-être, alors que l'oubli de l'intelligence est suppléé par la citation numériquement restituée hors de son contexte, syntaxiquement fidèle mais intellectuellement infidèle. Le lecteur, saisi en pleine opération par Chardin, rejoint en cela les grands écrivains d'Occident, qui n'ont eu de cesse de reprendre quelques thèmes uniques et singuliers – telles les deux cènes que furent les adieux de Socrate et du Christ à leurs disciples. Ils ont imposé l'évidence de la littérature comme un réseau de résonances, et le roman comme une modalité ouverte de la connaissance : la pensée de l'univers en tant que totalité qui transcende la multiplicité des communautés humaines et fonde, à travers un petit nombre de scénarios, le conflit irrémédiable entre la norme morale et l'imperfection de l'homme (Pavel, 2003 : 46-49).

C'est enfin dans le rapport au texte imprimé que s'est élaborée la philosophie herméneutique, celle dont Paul Ricœur a su renouveler les questionnements. Assurément le texte dans l'herméneutique est l'ensemble des propositions, non pas leur support matériel, mais on a encore quelque difficulté à s'imaginer, devant un écran et non pas une sortie imprimée sur papier, répondre aux exigences de la lecture : « L'appropriation a pour vis-à-vis [...] *"le monde de l'œuvre"*. Ce que finalement je m'approprie, c'est une proposition du monde : celle-ci n'est pas *derrière* le texte, comme le serait une intention cachée, mais *devant* lui, comme ce que l'œuvre déploie, découvre, révèle. Dès lors se comprendre, c'est *se comprendre devant le texte*. Non point imposer au texte sa propre capacité infinie de comprendre, mais s'exposer au texte et recevoir de lui un soi plus vaste qui serait la proposition d'existence répondant de la manière la plus appropriée à la proposition du monde. La compréhension est alors tout le contraire d'une constitution dont le sujet aurait la clé. [...] le *soi* est constitué par la "chose" du texte » (Ricœur, 1986 : 115-116).

Du moins la chose vaut-elle pour le livre imprimé, selon un héritage séculaire, un geste de lecture d'ordre anthropologique, tant il a été jusqu'alors constitutif des cultures et de leur transmission. La question est ouverte pour le livre numérique, sans support matériel autre que les composants de la borne de consultation et son écran. Mais même alors, ce ne sera pas pour autant la mort de l'éditeur.

Car éditer un texte, ce n'est pas seulement mettre en ordre logique ses propositions, bâtir son déroulement, déployer toutes les potentialités d'écho et de réception chez le lecteur, c'est, auprès de ce même lecteur, attester, grâce au travail d'un tiers, que le texte (roman ou traité d'économie politique, nouvelle ou étude d'astrophysique) est bien le résultat du travail spécifique d'une personne référencée désormais comme « l'Auteur ». C'est là tout l'enjeu du travail de l'éditeur, que celui-ci se fasse sur le support papier ou sur un support immatériel, numérique et en ligne.

 *Le numérique bouleverse-t-il vraiment à ce point le lien entre le livre et la lecture au sens traditionnel de ces deux termes ?*

Livre et numérique, comme deux polarités, s'attirent et se repoussent. Un phénomène d'attirance se manifeste dans le choix que font tous les prophètes de la fin du livre qui serait remplacé par le numérique : chacun prend soin d'exprimer soigneusement ses vues dans des livres et non pas uniquement sur son blog, afin non seulement de s'assurer une certaine notoriété matériellement visible en librairie, voire dans les supermarchés, mais aussi d'indexer cette notoriété, aspiration à la postérité, à un nom particulier d'auteur, marque d'une propriété privée des idées.

L'autre exemple sera celui de la contamination de la lecture du livre par les procédures de consultation en ligne. Zapping dit-on. Le butinage n'est pas chose en soi préoccupante, il a son équivalent dans les sauts de lectures par-dessus des paragraphes, pages, voire chapitres entiers dans un roman ou une démonstration qui suintent l'ennui et la langueur. Plus important, en revanche, aux yeux de l'éditeur qui veut bien y réfléchir, est la substitution d'une modalité de saisie mécanique du texte (le copier-coller effectué par l'ordinateur) à son appréhension intelligente par une lecture humaine qui mobilisait les facultés de compréhension. Le téléchargement brut d'une séquence, plus ou moins courte, de phrases et mots sans appréhension critique n'équivaut pas à la lecture traditionnellement définie par l'intellection supposée de moments constitutifs d'une démonstration ou d'un récit, perçus par le lecteur sur un arrière-fond comparatif de lectures antérieures, dans un aller-retour entre l'hier d'autres lectures et l'avenir projectif d'une intelligence augmentée de la lecture présente.

Le téléchargement est aux antipodes de la mise en perspective critique qui se déploie dans la lecture continue d'un texte : cette lecture est le moyen dont dispose chacun pour comprendre la dynamique globale d'une pensée et de son écriture au sein d'un champ de savoir et des modalités de construction de ses objets qui lui sont propres. La pensée se déploie à travers des moments isolables physiquement, mais intellectuellement solidaires, auxquels on parvient par le suivi de la lecture dans la logique temporelle de ses propositions. L'internaute, lui, est conduit par son outil de recherche directement à la disposition topologique d'une phrase, d'un mot, sans prendre connaissance de cette logique temporelle du processus de compréhension et d'écriture qui font que cette phrase, ce mot adviennent à ce moment précis de la structuration du texte, et pas à un autre. Là où le lecteur parvient en cheminant, l'internaute atterrit par parachutage sans carte des lieux. Dans ces conditions, le lecteur a l'avantage de la vision globale, l'internaute celui de la rapidité d'atteindre un point de savoir parcellaire par des liens d'indexation qui ne diront pas leurs raisons.

La différence est plus essentielle qu'il n'y paraît. Un livre annonce le champ disciplinaire de son sujet : sur le suicide, il dira si son point de vue se construit selon les règles de la sociologie, les acquis de l'histoire, les constructions sérielles de la statistique, ou le point d'appréhension analytique. Jusqu'alors, le livre exigeait une modalité de lecture en adéquation idéale avec son écriture : celle de la patience d'une construction progressive qui a choisi une voie et un cheminement pour vous mener au point où à chaque instant le lecteur sait deviner sa situation dans la cartographie imaginaire de l'auteur. Or, l'internaute, avons-nous rappelé, file droit aux pages, voire au passage qui l'intéresse selon une vision étroite, presque indexatrice, de ce dont il est en quête : son GPS de l'immédiateté lui fait repérer le patronyme Aristote mais, faute d'avoir pris le temps de la compréhension de l'amont qui surplombe ce passage disposé à ce moment du récit ou de la démonstration pour mieux en modeler l'aval, ce même internaute, dans des habits de lecteur désormais trop grands pour lui, serait bien en peine de comprendre les rapports qu'entretenait le bon vieil Aristote avec un certain Stagirite.

Or, ces modalités de consultation, propres à l'univers numérique, tiennent désormais lieu de procédures de lecture dans l'univers du livre. On a vu que les éditeurs se précipitent vers les essais d'une centaine de pages, ce qui donne aux uns l'illusion que tout sujet peut se traiter en un nombre de pages restreint et aux autres le sentiment que l'avenir du livre passe par sa rétrogradation au statut d'article tiré à la ligne, gonflé de formules sonores qui trouveront écho dans les studios.

Pour d'autres éditeurs, il s'agit d'intégrer ces modalités de lecture dans la construction même des ouvrages, notamment à destination du public étudiant. Rien que de légitime, quand on veut bien se souvenir que tant au plan historique qu'anthropologique, le passage du rouleau au codex, puis du codex au *volumen* a bouleversé les modalités de lecture, libérant notamment une main pour prendre des notes, ajouter des commentaires marginaux, etc. Intégrer dans la construction des ouvrages ces modalités nouvelles de lecture, c'est par exemple inciter, par des outils de navigation que sont les index ou les renvois internes, le lecteur à comprendre la construction du livre, donc la place qu'y occupe cela même qu'il est venu chercher.

 *Le numérique abolirait d'un trait cette anthropologie séculaire de la lecture ? Quelle révolution, décidément !*

Détrompez-vous ! Il se peut qu'à l'avenir le monde numérique offre un égal confort de lecture, même dans l'isolement, à celui du livre classique imprimé. Il se peut tout autant que continuent à nous constituer dans nos identités propres ces passions impunies qui forgèrent la vieille Europe au parapet du monde, ces « lectures bien faites », pour reprendre la formule de Péguy, qui parachèvent, en vérité, les grandes œuvres des grands auteurs, et nous imposent, à nous, lecteurs, « une effrayante responsabilité ».

Or, la question est posée de savoir si on peut aussi « bien lire » du fait même des capacités inouïes de stockage et de mémorisation numériques. L'internaute croise un texte dans son parcours de reconnaissance, il prend note de son existence et se promet d'y revenir autant de fois que nécessaire, alors qu'hier encore, il rencontrait le texte et s'en appropriait le contenu par la lecture et la prise de notes : il sait désormais qu'à la différence des livres qu'il emprunte ou ne peut lire qu'en bibliothèque où le volume ne sera pas toujours consultable, le texte qu'il vient d'apercevoir une première fois en ligne sera, lui, toujours disponible à l'instant de sa nouvelle consultation.

Le numérique n'est pas une révolution équivalente à l'invention historique de l'écriture et du calcul. Il y a une invention de protocole de codage des langues naturelles (la mise au point d'une écriture-calcul par les bits 0 et 1 pour la communication informatique et réticulaire fondée sur ce code et la commutation des paquets de bits), il n'y a invention ni d'une écriture, ni d'un mode de penser nouveau. Il y a, mais c'est autre chose, disparition du support papier, voire de tout support matériel (le support est apparemment immatériel, n'étaient les cristaux, les photons, etc.), mais la syntaxe, la grammaire, la construction des messages demeurent celles des langues naturelles inventées voilà des millénaires ou siècles (Herrenschmidt, 2007 : 250-275).

La révolution numérique viendra du déploiement de modalités d'usage au-delà du temps immédiat de la consultation, ou de l'expression spontanée, non élaborée, des prises de paroles qui n'ont d'autres finalités immédiates que d'être justement des prises de paroles, témoignant de l'absence du souci ontologiquement associé à l'imprimé depuis son invention : la conservation des acquis par mémorisation, reprise, confrontation des propositions aux épreuves de véracité définies par chaque discipline. C'est aussi, d'une certaine manière, la différence essentielle entre le journal intime et le blog, entre la continuité d'une réflexion qui s'approfondit de devoir être reprise du seul fait de la discontinuité des jours, et le blog qui se nourrit des humeurs de chaque instant, traitées en autant de quantités discrètes. D'aucuns en viennent, à ce propos, à distinguer les mémoires individuelles – ensemble de souvenirs et de repères temporels que chacun se forge pour assurer la continuité de son identité dans le rapport aux autres – des

« mémoires médiées », activités et objets créés par les technologies des médias pour donner un sens au passé, au présent et au futur de chacun dans son rapport aux autres et non plus à soi-même. Sous cet angle, le journal intime devient une forme culturelle où le je s'engage dans l'intimité d'une écriture, et le blog une pratique sociale où le je surfe dans l'immédiateté et sur la réactivité des autres sujets qui se connecteront (van Dijck, 2007 : 6, 21, 67).

Les mutations que l'éditeur a imposées au livre ces dernières décennies trouvent leur parallèle dans le monde numérique et ses outils de recherche. Ceux-ci ordonnent les liens au mieux selon des critères de fréquence de consultation (le discours commun l'emportera donc sur la singularité d'une analyse individualisée), mais de plus en plus souvent selon des accords commerciaux passés avec des annonceurs, la démarche équivalant à un habituel achat d'espace publicitaire. Cela revient à entrer dans une librairie qui proposerait d'abord les ouvrages dont les éditeurs auraient acheté leur place sur les tables de nouveautés. Si un livre, lorsqu'il est bien fait, est au plan intellectuel construit dans la hiérarchie de ses parties, chapitres et paragraphes, la Toile, elle aussi, est construite mais en large partie au plan commercial, afin que la circulation y passe par des points qui ont été vendus à des clients. D'autant plus que la gratuité est ici savamment calculée, et doublement : ce qui est gratuit à un moment donné et dans un point topologique circonscrit du réseau de navigation, se paiera à un autre, par transfert des rentes vers d'autres types de consultation ou d'utilisation (le cas d'école demeurant à ce jour le lancement des téléphones portables : la téléphonie mobile s'est propagée par l'accès illimité à la messagerie, service qui permettait certes d'être joint en tous lieux et à toute heure, mais service faussement gratuit, car en réalité financé par la taxation des appels depuis les postes fixes). Surtout, la gratuité vise à constituer un solide noyau de consommateurs-utilisateurs autour d'une technologie qui, grâce à ces effets de réseaux, combine utilité croissante du fait de la multiplication des utilisateurs et économies d'échelle. Cette technologie génère de plus en plus de profits tout en assurant des positions monopolistiques : c'est le cas, par exemple, du moteur de recherche Google (Bomsel, 2007 : 97-127, 229-252).

Il est évident qu'au terme d'une réorganisation capitalistique, la possibilité que des sites fassent payer leur valeur ajoutée deviendra une réalité fondamentale. L'éditeur pourra se tailler un rôle à la mesure de la technologie nouvelle, en créant des fonds d'archives, en exploitant son catalogue à partir de la numérisation d'ouvrages n'ayant plus qu'une valeur de témoignage sur une époque, donc trop coûteux à réimprimer sur papier, réservant à la Toile les parties les plus techniques de grandes œuvres qui verront leur partie plus spéculative trôner dans les vitrines des bonnes librairies. La valeur ajoutée sera le travail d'indexation intelligente, et non pas de simple reconnaissance des mots, des recherches sur les variantes, ces fioritures de la préhistoire de la littérature, avant l'ère du traitement de texte et des banques de données sur les fréquences de mots comparées chez certains auteurs. Que sait-on déjà d'opportunités technologiques encore à venir ?

Mais cette compétence sera reconnue et légitimée par le combat que nous mènerons pour l'existence, de l'écriture à la vente, des livres exigeants, quelles que soient les conditions nouvelles ou à venir. Toile ou livre, demain sera la récolte de ce que nous semons aujourd'hui ou la disette de ce à quoi, trop nombreux, trop souvent, nous avons déjà renoncé, pour complaire aux fétiches de la marchandise.

 **49** *Vous semblez encore y croire !?*

Rien n'est joué dans la saturation du monde de l'écrit par la marchandisation. Celle-ci n'est pas une puissance tutélaire, bénéfique ou maléfique, qui nous tyranniserait depuis son surplomb. Elle avance ou piétine à proportion de nos renoncements et de nos compromissions, de nos résistances et de nos compromis. Assumons nos pratiques, redevenons ce que nous refusons d'incarner : nous sommes, en dernière instance, les seuls acteurs de la pièce qui se joue, de nos malheurs comme de nos bonheurs.

Éditeurs, sauvons-nous nous-mêmes !

Et alors, votre cinquantième question ?

...Elle ne me vient plus à l'esprit. Ah, si! *Ne vaudrait-il pas mieux que chacune de vos analyses soit démentie par l'avenir?...*

# Mes dettes

Ma dette essentielle a été contractée auprès de Sylvie Gillet, suite à ses tentatives répétées et fructueuses de me faire écrire ce livre. Puis ce fut au tour de Belinda Cannone de me demander de le publier dans sa collection. Qu'elles trouvent ici l'expression de ma gratitude.

Que soient également remerciés ceux qui, en même temps qu'ils découvriront cet ouvrage, prendront connaissance de leur rôle dans son élaboration. Particulièrement Yves Mabin. Au fil des ans, il me confia, au nom du ministère des Affaires étrangères, des missions d'évaluation et de propositions pour une politique du livre dans des pays pour la plupart en phase de transition vers le libéralisme politique ; cela m'aida, face à des interlocuteurs avides de comprendre, à renoncer à nombre des fausses évidences réflexes de la profession.

Ce premier pas fut suivi d'un autre, en apparence petit, mais qui eut un effet déclencheur : la commande, par Jacques Bonnet, d'une présentation de la politique éditoriale dans une maison d'édition indépendante, à partir du cas des sciences humaines, aux lecteurs des *Cahiers du Syndicat de la libraire française* (n° 3, octobre 2005).

Cette publication donna lieu, indirectement, à un échange aussi vif que courtois avec Bruno Auerbach. Suite à une étude qu'il venait de publier dans les *Actes de la recherche en sciences sociales* sur la crise des sciences humaines, il m'apparut que beaucoup des données conjoncturelles et contraintes structurelles, qui sont le lot quotidien de l'éditeur, demeurent au mieux choses vagues pour qui ne s'y frotte pas, mais que nul dans la profession, me précisait mon interlocuteur, n'avait envisagé de les exposer.

Pour leur part, Pascal Foucher et Philippe Schuwer m'offrirent l'occasion de préciser certaines de mes vues en me proposant de collaborer au *Dictionnaire encyclopédique du livre.*

Que toutes et tous, gens du métier du livre, avec lesquels des liens de complicité intellectuelle nous ont conduits à évoquer à demi-mot des thèmes et des maux ici développés, trouvent l'expression de mon amitié. Et tout particulièrement, pour les raisons qu'ils savent, Philippe Letendre, Jean-Marc Loubet, Paul Otchakovsky-Laurens et Laurence Renouf.

Que soient – enfin – remerciés François Gèze, Claude Durand et Antoine Gallimard, pour m'avoir donné l'opportunité de croire à ce métier.

# Mes emprunts

ADORNO T. W., « L'essai comme forme », dans *Notes sur la littérature*, trad. de Sibylle Muller, Paris, Flammarion, 1984.

BALZAC Honoré de, *Correspondance*, édition établie par Roger Pierrot, tome IV (1840-avril 1845), Paris, Garnier, 1966.

—, *La Comédie humaine*, tome I, *Étude de mœurs : scènes de la vie privée*, édition établie sous la direction de Pierre-Georges Castex, Paris, Gallimard, « Bibliothèque de la Pléiade », 1976.

—, *La Comédie humaine*, tome IX, *Étude de mœurs : scènes de la vie des campagnes*, édition établie sous la direction de Pierre-Georges Castex, Paris, Gallimard, « Bibliothèque de la Pléiade », 1978.

BARTHES Roland, « Leçon », dans *Œuvres complètes*, tome V, 1977-1980, édition établie par Éric Marty, Paris, Éditions du Seuil, 2002.

BAUDELAIRE Charles, *Le Spleen de Paris. Petits poèmes en prose*, édition de Robert Kopp, Paris, Gallimard, « Poésie/Gallimard », 2006.

BELLET Roger, *Presse et journalisme sous le Second Empire*, Paris, Armand Colin, 1967.

BLANCHOT Maurice, *Chroniques littéraires du* Journal des débats, *avril 1941-août 1944*, Paris, Gallimard, 2007.

BLUM Léon, *Souvenirs sur l'Affaire*, Paris, Gallimard, « Folio Histoire », 1981.

BOMSEL Olivier, *Gratuit! Du déploiement de l'économie numérique*, Paris, Gallimard, « Folio actuel », 2007.

BONCOMPAIN Jacques, *La Révolution des auteurs. Naissance de la propriété intellectuelle (1773-1815)*, Paris, Fayard, 2001.

BONNOT DE CONDILLAC Étienne, *La Logique ou Les Premiers Développements de l'art de penser : ouvrage élémentaire...*, Paris, 1780 ; consultable sur le site Gallica, Bibliothèque nationale de France.

BORGES Jorge Luis, « Pierre Ménard, auteur du Quichotte », dans *Fictions*, trad fr. par Roger Caillois, Nestor Ibarra et Paul Verdevoye, dans *Œuvres complètes*, tome I, édition établie par Jean-Pierre Bernès, Paris, Gallimard, « Bibliothèque de la Pléiade », 1993.

BOURDIEU Pierre, « Une révolution conservatrice dans l'édition », *Actes de la recherche en sciences sociales*, vol. 126, n° 6, 1999.

BESSARD-BANQUY Olivier, « La révolution du poche », dans Pascal Fouché (dir.), *L'Édition française depuis 1945*, Paris, Éditions du Cercle de la Librairie, 1998.

DIDEROT Denis, « Regrets sur ma vieille robe de chambre ou Avis à ceux qui ont plus de goût que de fortune », dans *Œuvres*, édition établie par André Billy, Paris, Gallimard, « Bibliothèque de la Pléiade », 1951.

—, « Essai sur les règnes de Claude et de Néron et sur les mœurs et les écrits de Sénèque pour servir d'instruction à la lecture de ce philosophe », dans *Œuvres*, tome I, *Philosophie*, édition établie par Laurent Versini, Paris, Robert Laffont, « Bouquins », 1994.

—, « Lettre sur le commerce de la librairie », dans *Œuvres*, tome III, *Politique*, édition établie par Laurent Versini, Paris, Robert Laffont, « Bouquins », 1995.

—, « Paradoxe sur le comédien », dans *Œuvres*, tome IV, *Esthétique – Théâtre*, édition établie par Laurent Versini, Paris, Robert Laffont, « Bouquins », 1996.

DURAND Pascal et GLINOER Anthony, *Naissance de l'Éditeur. L'édition à l'âge romantique*, Paris-Bruxelles, Les Impressions nouvelles, 2005.

Revue *Esprit*, « Malaise dans l'édition », n° 295, juin 2003, particulièrement l'article de Jacques Bonnet, « Hachette-Vivendi : exception culturelle ou aberration française ? ».

FOUCAULT Michel, « Entretien avec Michel Foucault » (juin 1976), dans *Dits et écrits, tome II, 1976-1988*, Paris, édition étabie sous la direction de Daniel Defert et François Ewald, Gallimard, « Quarto », 2001.

—, *Les Mots et les choses*, Paris, Gallimard, 1966.

FURET François, *Penser la Révolution*, Paris, Gallimard, 1978.

—, *La Révolution française*, Paris, Gallimard, « Quarto », 2007.

GONCOURT Edmond et Jules, *Journal* 1, 2 et 3, édition établie par Robert Ricatte, Paris, Robert Laffont, « Bouquins », 1989.

GRACQ Julien, « La littérature à l'estomac » [1950], dans Julien Gracq, *Œuvres complètes*, tome I, édition établie par Bernhild Boie, Paris, Gallimard, « Bibliothèque de la Pléiade », 1989.

GUIZOT François, *Histoire de la révolution d'Angleterre 1625-1660*, édition établie par Laurent Theis, Paris, Robert Laffont, « Bouquins », 1997.

HABERMAS Jürgen, *Droit et démocratie*, trad. de Rainer Rochlitz et Christian Bouchindhomme, Paris, Gallimard, 1997.

HERRENSCHMIDT Clarisse, *Les Trois Écritures. Langues, nombre, code*, Paris, Gallimard, 2007.

HILBERG Raul, *La Destruction des Juifs d'Europe*, trad. Marie-France de Paloméra, André Charpentier et Pierre-Emmanuel Dauzat, Paris, Gallimard, « Folio histoire », 2006.

—, *La Politique de la mémoire*, trad. de Marie-France de Paloméra, Paris, Gallimard, 1996.

HONNETH Axel, *La Réification. Petit traité de Théorie critique*, trad. de Stéphane Haber, Paris, Gallimard, 2007.

HUME David, « Pourquoi écrire des essais ? », dans *Essais esthétiques*, trad. fr. par Renée Bouveresse, Paris, Flammarion, 2000.

JOHNS Adrian, *The Nature of the Book. Print and Knowledge in the Making*, Chicago, University of Chicago Press, 1998.

KANT Emmanuel, *Réponse à la question : Qu'est-ce que les lumières ?*, dans *Œuvres philosophiques*, tome 2, trad. de Heinz Wiesmann, édition établie par Ferdinand Alquié, Paris, Gallimard, « Bibliothèque de la Pléiade », 1985.

—, « Métaphysique des mœurs » dans *Œuvres philosophiques*, tome 2, trad. de Joëlle et Olivier Masson, Paris, Gallimard, « Bibliothèque de la Pléiade », 1986.

KERSHAW Ian, *Qu'est-ce que le nazisme ? Problèmes et perspectives d'interprétation*, trad. de Jacqueline Carnaud, Paris, Gallimard, « Folio histoire », 1997.

LAHIRE Bernard, *La Culture des individus. Dissonances culturelles et distinction de soi*, Paris, La Découverte, 2004.

LAVAL Christian, *L'Homme économique. Essai sur les racines du néolibéralisme*, Paris, Gallimard, 2007.

LÉAUTAUD Paul, *Journal littéraire*, tome 2, juin 1928-février 1940, Paris, Mercure de France, 1986.

LEMAÎTRE Jules, *Les Contemporains*, Paris, Société française d'imprimerie et de librairie, 1898, 21ᵉ édition, consultable sur le site du Centre d'études du XIXᵉ siècle français Joseph Sablé, à l'adresse suivante : http://www.chass.utoronto.ca/french/sable/recherche/catalogues/georges_ohnet/images/lemaitrecomplet

MACÉ Marielle, *Le Temps de l'essai. Histoire d'un genre en France au XXᵉ siècle*, Paris, Belin, 2006.

MAISTRE Joseph de, « La réputation des livres ne dépend point de leur mérite », dans *Six paradoxes à Madame la marquise de Nav…*, dans *Œuvres*, édition établie par Pierre Glaudes Paris, Robert Laffont, « Bouquins », 2007.

MALLARMÉ Stéphane, *Igitur. Divagations. Un coup de dés*, édition établie par Bertrand Marchal, Paris, Gallimard, « Poésie/Gallimard », 2003.

MAROT Clément, *L'Adolescence clémentine*, édition établie par Frank Lestringant, Paris, Gallimard, « Poésie/Gallimard », 2006.

MARTIN Odile et Henri-Jean *et al.*, « Le monde des éditeurs », dans Roger Chartier et Henri-Jean Martin (dir.), *Histoire de l'édition française*, tome III, *Le Temps des éditeurs. Du romantisme à la Belle Époque*, Paris, Fayard-Promodis, 1990.

MARX Karl, *Le Capital*, livre premier, dans *Œuvres*, tome premier *Économie I*, édition établie et traduction par Maximilien Rubel, Paris, Gallimard, 1965.

MAUCOURANT Jérôme, *Avez-vous lu Polanyi ?*, Paris, La Dispute, 2005.

MAURIAC François, *D'un bloc-notes à l'autre, 1952-1969*, édition établie par Jean Touzot, Paris, Bartillat, 2004.

MIRBEAU Octave, *Combats littéraires*, édition établie par Pierre Michel et Jean-François Nivet, Lausanne, L'Âge d'homme, 2006.

MOLLIER Jean-Yves, *L'Argent et les Lettres. Histoire du capitalisme d'édition 1880-1920*, Paris, Fayard, 1988.

MONTAIGNE Michel de, *Essais*, édition établie par Pierre Michel, Paris, Gallimard, « Folio classique », 1965, 3 tomes.

MUSIL Robert, « De l'essai » dans *Essais*, trad. de Philippe Jacottet, Paris, Éditions du Seuil, 1984.

OBALDIA Claire de, *L'Esprit de l'essai. De Montaigne à Borges*, trad. d'Émilie Colombani, Paris, Éditions du Seuil, 2005.

PAVEL Thomas, *La Pensée du roman*, Paris, Gallimard, 2003.

PETTIT Philip, *Républicanisme. Une théorie de la liberté et du gouvernement*, trad. de Patrick Savidan et Jean-Fabien Spitz, Paris, Gallimard, 2004.

PLATON, *La République*, trad. de Pierre Pachet, Paris, Gallimard, « Folio essais », 1993.

POLANYI Karl, *La Grande Transformation. Aux origines politiques et économiques de notre temps*, trad. de Maurice Angeno et Catherine Malamoud, Paris, Gallimard, 1983.

—, « Le sophisme économiciste », *Revue du MAUSS*, n° 29, « Avec Karl Polanyi. Contre la société du tout-marchand », Paris, La Découverte, 2007.

PONSON DU TERRAIL, *Rocambole* 1 et 2, édition établie par Laurent Bazin, Paris, Robert Laffont, « Bouquins », 1992.

*La Querelle du roman-feuilleton. Littérature, presse et politique, un débat précurseur (1836-1848)*, textes réunis et présentés par Lise Dumasy, Grenoble, Ellug, 1999.

RANCIÈRE Jacques, *La Nuit des prolétaires. Archives du rêve ouvrier*, Paris, Fayard, 1981.

RICŒUR Paul, *Du texte à l'action*, Paris, Éditions du Seuil, 1986.

RILKE Rainer Maria, *Lettres à un jeune poète*, trad. de Marc-B. de Launay, Paris, Gallimard, « Poésie/Gallimard », 1993.

ROSENKRANZ Karl, *Vie de Hegel* suivi de *Apologie de Hegel contre le docteur Haym* (1844), trad. de Pierre Osmo, Paris, Gallimard, 2004.

ROUET François, *Le Livre. Mutations d'une industrie culturelle*, Paris, La Documentation française, 2007.

SAINTE-BEUVE, « De la littérature industrielle », dans *Pour la critique*, choix de textes établi et édité par Annie Prassoloff et José-Luis Diaz, Paris, Gallimard, « Folio essais », 1992.

SCHERRER Jacques, *Le « Livre » de Mallarmé*, Paris, Gallimard, 1978.

SCHIFFRIN André, *L'Édition sans éditeurs*, Paris, La Fabrique, 1999.

SCHLEIERMACHER Friedrich, *Des différentes méthodes du traduire*, trad. d'Antoine Berman, Paris, Éditions du Seuil, 1999.

SHEER Richard B., *The Enlightenment & the Book. Scottish Authors & their Publishers in Eighteenth Century Britain, Ireland & America*, Chicago, Chicago University Press, 2006.

*Situation économique de la librairie indépendante. Rapport des enquêtes quantitatives* établi par Hervé Renard, Paris, Ipsos Culture et Observatoire de l'économie du livre, Direction du livre et de la lecture près du Ministère de la Culture, 2007.

SNE, Syndicat national de l'Édition, SE/POL/JM-06/09/2007, *Note de synthèse* (sur les agents littéraires).

SOBOUL Albert, *La Révolution française*, Paris, Gallimard, 1964.

STEINER George, *Passions impunies,* Paris, Gallimard, 1997.

SPITZ Jean-Fabien, *Le Moment républicain en France,* Paris, Gallimard, 2005.

STENDHAL, *Le Rouge et le Noir*, édition établie et annotée par Anne-Marie Meininger, Paris, Gallimard, « Folio classique », 2000.

*Les Temps Modernes*, avril 1965, n° 227.

*Les Temps Modernes*, mai 1965, n° 228.

THÉRENTY Marie-Ève, *La Littérature au quotidien. Poétiques journalistiques au XIX$^e$ siècle*, Paris, Éditions du Seuil, 2007.

TOCQUEVILLE Alexis de, *L'Ancien Régime et la Révolution*, dans *Œuvres,* tome III, édition établie par Françoise Mélonio, Paris, Gallimard, « Bibliothèque de la Pléiade », 2004.

VAN DIJCK José, *Mediated Memories in the Digital Age*, Stanford, Stanford University Press, 2007.

WITTGENSTEIN Ludwig, *Tractatus logico-philosophicus*, trad. de Gilles-Gaston Granger, Paris, Gallimard, « Tel », 1993.

ZOLA Émile, « Préface à l'édition de 1884 », *Les Mystères de Marseille*, dans *Œuvres complètes*, tome II, *Le feuilletoniste 1866-1867*, édition établie par Colette Becker, Paris, Nouveau Monde Éditions, 2002, p. 117-118.

# Index

*Les chiffres renvoient au numéro des questions.*

ADORNO, T. W. : 29, 30
*Agent littéraire* : 42
ALFARABI : 10
ALBERT, Michel : 27, 28
ARENDT, Hannah : 34
ARISTOTE : 43
ARON, Raymond : 29

BALZAC, Honoré de : 17, 43
BARBEY D'AUREVILLY, Jules-Amédée : 18
BASKERVILLE, John : 43
BAUDELAIRE, Charles : 14
BARRÈS, Maurice : 7
BARTHES, Roland : 19, 21, 25, 30
*Belin (Éditions)* : 12
BENDA, Julien : 29
BENJAMIN, Walter : 23
BLANCHOT, Maurice : 7, 29
BLUM, Léon : 7
BODONI, Giambattista : 43
BONNOT DE CONDILLAC, Étienne : 10
BOUGLÉE, Célestin : 39
BOULAINVILLIERS, Henri de : 27
BOURDIEU, Pierre : 6, 10, 11, 19

BOURGEOIS, Léon : 39
BORGES, Jorge Luis : 20, 30
BOURGET, Paul : 7

CAMUS, Albert : 29
*Catalogue* : 7, 25, 33, 34, 36, 37, 38, 41
CÉLINE, Louis-Ferdinand : 9, 19
CHAPUYS-MONTLAVILLE, Alceste de : 17
CIORAN, Émile : 27, 29
CLAUDEL, Paul : 9, 19
COHEN, Albert : 19
*Commercialisation* : 14, 15, 16, 17, 18, 22, 29
*Communication* : 4, 23, 33, 41, 43
*Corpus* : 35, 36
CORTI, José : 10, 25, 43
*Critères de gestion* : 32, 35, 37

DAMISCH, Hubert : 21
*Décision éditoriale* : 3
DELEUZE, Gilles : 16, 25
*Demande sociale et le livre* : 34
DERRIDA, Jacques : 25

DIDEROT, Denis : 14, 15, 28, 42, 43, 44, 46
DIDOT, Firmin : 43
*Distinction et culture légitime* : 10, 11
*Distribution* : 2
— *transformations et effets sur le livre et son offre* : 5, 23, 25, 26, 32, 37
*Documents* : 4, 29
DOLTO, Françoise : 21
*Doxa* : 27, 28, 29, 39
*Droit d'auteur (patrimonial)* : 14, 15
DURKHEIM, Émile : 39

*Écrivain* versus *écrivant* : 19
*Écriture des sciences humaines et sociales* : 31, 32, 33, 34, 41
*Éditeur (fonction de l')* : 10 11, 42, 43, 44, 46, 47, 49 (voir aussi : *Catalogue*)
« *Édition sans éditeurs* » : 10, 11
— versus « *édition sans édition* » : 23
*Éditis* : 9, 33
ELIADE, Mircea : 29
ERVAL, François : 21
*Essai* :
— *histoire et caractéristiques du genre* : 15, 27, 29, 30
— *et marchandisation* : 27, 29, 30

« *Faux livres* » *(querelle des)* : 7
FERRIER, Jean-Louis : 21
FICHTE, Johann Gottlieb : 39

FOUCAULT, Michel : 14, 28
FERGUSON, Adam : 15
FLAUBERT, Gustave : 11, 17, 18, 20
FOUILLÉE, Alfred : 39
FOURNIER, Pierre-Simon : 43
FREUD, Sigmund : 29
FURET, François : 39

GABORIAU, Émile : 18
*Galilée (Éditions)* : 25
GALLIMARD, Gaston : 9, 23
GAUTHIER, Théophile : 17, 18
GENETTE, Gérard : 25
GIRARDIN, Émile de : 17
GOBINEAU, Joseph Arthur de : 18
GOETHE, Johann Wolfgang von : 39
GONCOURT, Edmond et Jules : 18, 19
GRACQ, Julien : 2, 23
GUIZOT, François : 39

HABERMAS, Jürgen : 36
*Hachette* :
— *Librairie, puis Groupe* : 9, 10, 14, 33, 43
— *et altermondialisme* : 25
HAMY, Viviane : 25
HARVEY, William : 46
HEIDEGGER, Martin : 29
HEGEL, Friedrich : 39
HILBERG, Raul : 34
HOUELLEBECQ, Michel : 16
HUGO, Victor : 17, 43, 44
HUME, David : 15, 21, 28

*Information* : 4

*Intellectuel organique des médias* :
27, 28, 29
*Internet* : 45, 46, 47, 48

JOFFRIN, Laurent : 27
JOYCE, James : 23
JULY, Serge : 27

KANT, Emmanuel : 15, 39, 43
KIERKEGAARD, Sören : 29

LACAN, Jacques : 25
LAMBRICHS, Georges : 25
*Langage* :
— *et littérature de proximité* :
21
— *et narrativité* : 21
LÉAUTAUD, Paul : 23
*Lecture* : 9, 45
— *bouleversement global* : 4,
12
— *bouleversement par le
numérique* : 45, 46, 47
LEMAÎTRE, Jules : 7, 18
LÉVY, Bernard-Henri : 27
LÉVY, Michel : 18
*Librairie* : 2, 5, 14, 40
— *et naissance de l'éditeur* :
14, 15
— *et grande distribution* : 5,
21, 25
*Littérature* :
— *de notoriété* : 20
— *de proximité* : 20
— *et commercialisation* : 16
— *et communication* : 7, 8, 21
— *et marchandisation* : 16,
19, 20, 21, 23

— *exigeante* versus *de proximité* : 25
*Livre* :
— *accélération de l'écriture* :
23
— *commerce en librairie* : 2,
10
— *de poche (querelle du)* : 21
— *et le numérique* : 45, 46,
47
— *place dans la culture* : 2, 21
— *produit industriel* : 41
— *valeur d'usage, valeur
d'échange* : 16, 40
LOSFELD, Joëlle : 25

MAISTRE, Joseph de : 20
MALLARMÉ, Stéphane : 25
*Marchandisation* : 13, 16, 19,
20, 21, 23, 27, 30, 34, 37,
40, 43, 49
MAROT, Clément : 29
MARX, Karl : 34, 40
*Maspero (Éditions)* : 25
MAURIAC, François : 2
*Médiation (instances de)* : 2
*Meilleures ventes* : 2, 7, 11, 25
MERLEAU-PONTY, Maurice : 29
MICHAUX, Henri : 9, 23
MICHEL, Henry : 39
MICHELET, Jules : 17
*Minuit (Éditions de)* : 23
MIRBEAU, Octave : 2, 18, 46
MONTAIGNE, Michel de : 29, 30
MONTAND, Yves : 28
MONTÉPIN, Xavier de : 18
MOORE, Gordon : 45
MUSIL, Robert : 30

*Nécessité littéraire* : 7, 20, 23
— *et urgence* : 23
NERVAL, Gérard de : 18
*Neuf (livre) et confusion avec le récent* : 34

OHNET, Georges : 7, 18, 23
*Olivier (Éditions de l')* : 25

PAPON, Maurice : 34
PÉGUY, Charles : 30, 48
*Péréquation* : 15, 23, 25, 31, 37, 41, 43
PLATON : 44
*P.O.L. (Éditions)* : 25
*Presse, transformations et effets sur le livre* : 3
*Prix littéraires* : 2
POLANYI, Karl : 13
PONSON DU TERRAIL, Pierre-Alexis : 17, 20
*Prototype (le livre comme)* : 23
PROUST, Marcel : 9
*Psychanalysme et littérature de proximité* : 20

QUÉTELET, Auguste : 18

RANCIÈRE, Jacques : 44
REVEL, Jean-François : 21
RICŒUR, Paul : 21, 46
RILKE, Rainer Maria : 20
ROCHE, Denis : 25
*Roman-feuilleton et feuilleton-roman* : 17, 18
*Romancier* versus *écrivain* : 19
*Rotation des stocks d'un livre* : 5, 6, 21, 23

ROUSSEL, Raymond : 19

SAINTE-BEUVE, Charles Augustin : 2, 19, 23
SAINT-JOHN PERSE : 19
SAND, George : 17
SARTRE, Jean-Paul : 11, 21, 27, 29
*Sciences humaines et sociales (édition de)* : 31, 32, 33, 34
SCHIFFRIN, André : 10
SCHLEIERMACHER, Friedrich : 35
SMITH, Adam : 15
SOBOUL, Albert : 39
SOUVESTRE, Pierre : 18
STEINER, George : 46
STENDHAL : 18
SUE, Eugène : 18
*Sujet* versus *intrigue* : 20

TAINE, Hippolyte : 19
THÉVENIN, Paule : 21
THIBAUDET, Albert : 29
TOCQUEVILLE, Alexis de : 39
TOLAIN, Henri-Louis : 18
*Traduction* : 35
— *double traduction (du texte et du contexte)* : 35

VALÉRY, Paul : 27
*Verdier (Éditions)* : 25
*Verticales (Éditions)* : 25

WEBER, Max : 34, 42
WITTGENSTEIN, Ludwig : 21
WOOLF, Virginia : 30

ZOLA, Émile : 18, 30

# 5 0   Q U E S T I O N S

## Collection dirigée par Belinda Cannone

Vincent Amiel et Pascal Couté, *Formes et obsessions du cinéma américain contemporain* (12)

Pierre Berthomieu, *La Musique de film* (14)

Anne Besson, *La Fantasy* (37)

Christian Béthune, *Pour une esthétique du rap* (16)

Monique Carcaud-Macaire et Jeanne-Marie Clerc, *L'Adaptation cinématographique et littéraire* (15)

Jean-Luc Chalumeau, *Histoire critique de l'art contemporain* (1)

Jean-Luc Chalumeau, *La Lecture de l'art* (9)

Jean-Luc Chalumeau, *Histoire de l'art contemporain* (20)

Raphaël Colson et François-André Ruaud, *Science-Fiction. Une littérature du réel* (29)

Daniel Deshays, *Pour une écriture du son* (30)

Valérie Deshoulières, *Métamorphoses de l'idiot* (21)

Christian Doumet, *Faut-il comprendre la poésie?* (19)

Georgie Durosoir, *La Musique vocale profane au XVIIe siècle* (2)

Gérard Gengembre, *Le Roman historique* (27)

Nathalie Heinich, *Être artiste. Les transformations du statut des peintres et des sculpteurs* (5)

André Helbo, *Le Théâtre : texte ou spectacle vivant?* (34)

Marc Jimenez, *L'Esthétique contemporaine*, 2ᵉ éd. revue, 2004 (6)

Jean-Pascal Le Goff, *Robinson Crusoé ou l'Invention d'autrui* (13)

Gérard-Georges Lemaire, *Histoire du Salon de peinture* (11)

Jean-Louis Leutrat et Suzanne Liandrat-Guigues, *Penser le cinéma* (8)

Jean-Louis Leutrat et Suzanne Liandrat-Guigues, *Western(s)* (38)

Henriette Levillain, *Qu'est-ce que le baroque?* (10)

Suzanne Liandrat-Guigues, *Esthétique du mouvement cinématographique* (22)

Isabelle Meuret, *L'Anorexie créatrice* (28)

Frédéric Monneyron, *La Mode et ses enjeux* (23)

Marie-Claire Mussat, *Trajectoires de la musique au XXe siècle*, 2ᵉ éd. revue, 2002 (3)

Daniel-Henri Pageaux, *Naissances du roman* (4)

Danielle Perrot-Corpet, *Don Quichotte, figure du XXe siècle* (24)

Jonathan Pollock, *Qu'est-ce que l'humour?* (7)

Frédéric Pomier, *Comment lire la bande dessinée?* (25)

Michèle Reverdy, *Composer de la musique aujourd'hui* (35)

Bernard Ribémont, *Sexe et Amour au Moyen Âge* (36)

Baldine Saint Girons, *L'Acte esthétique* (39)

Pierre Sineux, *Qu'est-ce qu'un dieu grec?* (32)

Laurent Wolf, *Vie et Mort du tableau*. 1. *Genèse d'une disparition* (17)

Laurent Wolf, *Vie et Mort du tableau*. 2. *La Peinture contre le tableau* (18)

Laurent Wolf, *Après le tableau* (26)

Julie Wolkenstein, *Les Récits de rêve dans la fiction* (31)

*Ce volume,*
*le quarantième de la collection*
*« 50 questions »,*
*publié aux éditions Klincksieck*
*a été achevé d'imprimer en février 2008*
*sur les presses de l'imprimerie Barnéoud,*
*53960 Bonchamp-lès-Laval*

*N° d'éditeur : 0001*
*N° d'imprimeur : 801034*
*Dépôt légal : février 2008*